特別支援教育サポートBOOKS

「国語」「算数・数学」の学習指導案づくり・授業づくり

特別支援学校
新学習指導要領

新井 英靖 編著
茨城大学教育学部附属特別支援学校 著

明治図書

は じ め に

　平成29年に改訂された特別支援学校の学習指導要領は，知的障害児教育においても「教科」を軸にして教育課程を編成することが強く打ち出されました。そのため，知的障害児の教育では，今後，アクティブ・ラーニング（主体的・対話的で深い学び）を展開するとともに，子どもの発達に即した教科（国語や算数・数学等）の指導を展開することが求められます。

　これまで知的障害児の教育では，生活単元学習や作業学習など，「教科等を合わせた指導」を軸にして子どもの指導を展開してきた学校も多くありました。こうした教育現場では，新学習指導要領で教科を軸に教育を展開すると言われても，実際にどのようにすればよいのか戸惑うこともあるでしょう。一方で，すでに教科指導を行っている学校でも，今回の学習指導要領に新たに登場した「資質・能力」や「深い学び」「学びに向かう力」等のキーワードをどのように教科指導の中に位置付けていけばよいのか分からないという人もいると思われます。

　知的障害児の教育は，子どもの発達が同程度であったとしても，個々に興味・関心が大きく異なるので，同じ授業ができないことが多いものです。そのため，教師は常に子どもが楽しく学べる教材を開発し，新しい学習指導案を書き続けることが必要です。

　その上，新学習指導要領では，「主体的・対話的な学び」と「育成を目指す資質・能力」の両者を踏まえた授業づくりが求められています。一見すると矛盾しているように見えるこの二つの側面を，どのようにしたら一つの授業の中で統一することができるのでしょうか。

　本書は，教育現場のこうした疑問を解消するために，茨城大学教育学部附属特別支援学校がここ数年，取り組んできた知的障害児に対する教科指導の方法を紹介するものです。もともと，茨城大学教育学部附属特別支援学校では，子どもが楽しく学べる教科学習を実践してきましたが，新学習指導要領の主旨にそって学習指導案の書式等を改訂し，評価の視点を明確にして，国語や算数・数学の学習指導案や教材をたくさん開発してきました。

　本書では，こうした教育現場で開発されてきた具体的な学習指導案や教材を掲載するとともに，はじめて知的障害児の授業を行う人にも分かるように，学習指導案を立案するプロセスを10のステップに分けて解説しました。本書が，知的障害児にとって楽しくも深い学びにたどりつく授業づくりのきっかけとなれば幸いです。

編著者　新井　英靖

目　次

第4章
「国語」「算数・数学」の教材開発

第5章
「国語」「算数・数学」の学習評価

第1章

新学習指導要領に即した
教科の授業づくり

1 アクティブ・ラーニングを通して資質・能力を身に付ける

1 アクティブに学ぶ授業づくりのポイント

　平成29年に出された特別支援学校学習指導要領は，世界的な潮流として，インクルーシブ教育を推進する時代であることを踏まえ，小学校・中学校の学習指導要領との連続性が重視された内容となりました。そのため，特別支援教育においても，基本的に通常の教育と同じく，「主体的・対話的で深い学び」を実現することを目指す授業を展開することが求められます。

　「主体的・対話的で深い学び」とは，21世紀の学力（コンピテンス＝変化する状況の中で思考・判断する力）を育成するために「アクティブ・ラーニング」を主軸として授業を展開しようとするものです。具体的には，学習内容に関心をもち（主体的），他者と協働的（対話的）に学びながら，物事の本質や新しい価値を見出していくこと（深い学び）が求められています。

　こうした視点をもって授業づくりをするときには，以下の点を学習指導案に書き込んでいくことが必要です。

> **授業づくりのポイント**
> ●子どもたちがわくわくして学んでいるか？（主体的）
> ●みんなでわいわいと学んでいるか？（対話的）
> ●教科の「見方・考え方」が身に付いているか（深い学び）

　もちろん，これら三つの視点は独立したものではなく，相互に関係し合っています。そのため，授業の「導入」で興味を喚起し（主体的），「展開」で話し合わせ（対話的），「まとめ」の時間にその教科の見方・考え方を確認する（深い学び）というようなパターン化された授業づくりをすすめるものではありません。

　そうではなく，みんなでわいわいと遊んでいるうちに，学習内容に興味が出てきて，ある子どもがその子なりに活動したら，友達とやり方が違ったので「どうしてだろう？」と考えるようになったなどという学びもあります。そして，そうした主体的・対話的に学習していくうちに，教科の見方・考え方が（結果として）身に付いていたという授業を展開していくこともアクティブ・ラーニングの特徴の一つです。

2 「資質・能力」を身に付ける授業づくり

　一方で，学習指導要領では，「何を学んだか」から「どのような力を身に付けたのか」へとシフトすることも強調されています。この背景には，人工知能（AI）の発達や災害によって

社会が急激に変化する中でも豊かに生きていくことができる「資質・能力」を育成することが求められる時代であることが挙げられます。

　具体的には，子どもたちが大人になって仕事に就く20年後に，今ある仕事（産業）が残っているとは限らず，社会の変化を予測することはとても難しい時代になりました。そうした流動的な社会の中で生きる子どもたちには，どのような時代になっても必要な汎用的能力（例えば，「言語能力」や「情報活用能力」「問題発見・解決能力」など）を身に付けていくことが求められるようになりました。

　こうした変化は，当然のことながら，国語や算数・数学などの教科学習にも影響を与えています。すなわち，これまでの学習指導要領で，知的障害児の教科学習の目標は「日常生活に必要な国語（あるいは算数・数学）の力を身に付けること」でした。例えば，かつての知的障害児の算数では，料金表を見て，自動券売機にお金を入れて切符を買うという学習を多く見かけました。このとき，実際的に学ぶことが大切だという理由から，その授業を参観した人たちが感心するような本物さながらの券売機を作って取り組む授業も多く見かけました。

　しかし，近年ではICカードが普及し，券売機で切符を買うというスキルは必要なくなっています。こうした生活の実際的なスキルを身に付けるだけの学習ではなく，算数・数学の「見方・考え方」（例えば，「計算の意味を理解し，その状況に応じた計算の方法が分かる」といった力を身に付けておけば，どのような時代が到来しても，その時代の（生活）課題に対応していくことができます。現在の学習指導要領では，こうした力を身に付けるために，教科学習を重要な位置におくようになったのです。

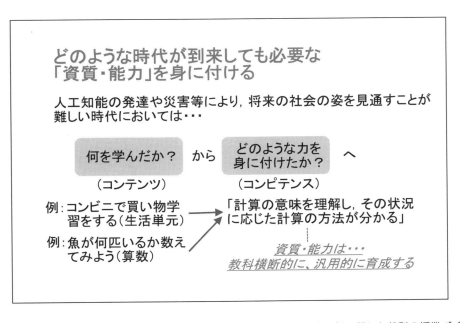

2 教科学習で資質・能力を身に付ける

1 これまでの学習指導の何を変えるのか？

　知的障害児の教育では，これまで日常生活に必要な力を「実際的・体験的」に指導することで，より社会に適応していく力を育てることが目指されていました。時代が21世紀になっても，こうした力を育てていくことが重要であることは変わりません。しかし，21世紀はこれまでと少し違った視点で育成すべき「資質・能力」を捉えています。

　例えば，21世紀の学力では，「知っている」「分かる」（知識及び技能）というだけでなく，「考え，判断し，表現すること」（思考力，判断力，表現力等）にも重点が置かれるようになっています。また，「知っていること（知識）」をよりよく生きるために使っていこうとする姿勢や主体的態度（学びに向かう力，人間性等）を育てることも重要であると考えられています。

　これは，現代社会が複雑化していて，「知識及び技能」を単発で利用するような仕事や生活がとても少なくなっていることが影響しています。職場や家庭においても人工知能を搭載した機器が入り始めていて，人でなければできないことは，「知識及び技能」をどのように活用するかという点にシフトしています。

　具体的に，企業就労を希望するグループの作業学習を例にして考えてみましょう。ある程度の広さのある部屋を清掃班の高等部生5名が，一定の時間内に清掃することになったとします。このとき，清掃用具を手際よく使いこなし，時間内に部屋を掃除するという目的を果たせるように清掃スキル（知識及び技能）をもっていることは重要です。しかし，現代の仕事ではそうした技能をもっているだけでは十分に企業で働けるとは限りません。

　こうした職場では，部屋の形や大きさに応じてどのように分担して清掃するかを話し合ってから掃除を始めることでしょう。具体的には，「ここからこっちはあなたとあなたでお願いね」というように，空間を分割して，役割分担を決めることもあると思います。

2 「教科のセカイ」で思考・判断し，表現する

　以上のように，清掃の仕事においても言語能力（言葉によるコミュニケーション能力）や情報処理能力（図形や空間などの数学的思考力）が必要になります。それでは，こうした能力は，どのようにして身に付くのでしょうか？

　知的障害児教育では，これまで生活単元学習や作業学習中心の教育課程を編成してきた学校が多くありました。もちろん，生活単元学習や作業学習の中で，「話し合いの仕方」を学び，「自身の清掃エリア（空間）を理解する」ことができるように指導していくこともできるかもしれません。しかし，こうした現実の実践の中で学ぶだけで，果たしてあらゆる仕事に必要な「状況に応じたコミュニケーション」や「空間認識」を育てることができるのでしょうか？

　もともと，こうした能力は幼児期の「ごっこ遊び」や「読書」などを通して育つものだと考えられます。例えば，ごっこ遊びの中で，友達（相手）がいつもと違う関わりをしてきたときに，それに応じて「やりとり」をするから「状況に応じたコミュニケーション能力」が身に付くのです。加えて，読書（絵本の読み聞かせ）をたくさんしてきた子どもは，想像力を働かせて言葉を理解していくので，いつもと違う「やりとり」にも読書で得た言葉のレパートリーの中から適切な表現を考え，判断することができます。

　こうした「ごっこ遊び」や「読書」は現実（リアルな世界）とは異なる「空想（想像）のセカイ」に身を置く学びです。すなわち，教科学習とは，生活や社会（文化）の一部を切り出し，発達段階に即して配列したものですので，リアルな世界とは異なるものです。むしろ，リアルな世界とは異なるからこそ，自由な想像力と結びつき，どのような状況でも活用できる資質・能力（汎用的能力）を身に付けていくことができると考えます。

3 資質・能力は教科学習を通して育つ

　このように考えると，将来の社会を予測することが難しい時代においては，実際的・体験的な学習をするだけでは不十分です。そうではなく，ある視点で物事を見つめ，それまでの見方や考え方を捉え直す学習を系統的に進める教科学習を充実させるからこそ，あらゆる状況の中でも思考し，判断することができるようになるのです。

　こうした意味において，現代に必要な資質・能力（状況の中で判断する力＝コンピテンス）を育成するのであれば，教科学習を軸にする必要があると考えます。本書では，こうした教科学習の意義を踏まえて，知的障害児がわくわくし，みんなでわいわいと学ぶアクティブ・ラーニングを展開しながら，21世紀に求められる資質・能力を身に付ける国語や算数・数学の学習指導案づくり・授業づくりの方法について解説していきたいと思います。

第2章

実例つき！
「学習指導案」の書き方解説

「単元名」を工夫する

国語 ★指導案例★		
聞くこと・話すこと	**書くこと**	**読むこと**

高等部　国語科　学習指導案

ふとくフォトギャラリーへようこそ

▶日時：○月○日　10時40分～11時30分　　▶場所：高等部１年教室

❶ 単元

ふとくフォトギャラリーへようこそ

「単元名」を考えるポイント

●タイトルを見ただけで，子どもも教師もわくわくして，参加してみたいと思うようなものを考える。

●生活年齢にふさわしい内容＝タイトルを考える。

1　単元名は授業者の意図を明確にするもの

　「アクティブ・ラーニングを通して資質・能力を育てる」ことが，学習指導要領で求められていることですが，「アクティブな学習活動」と「育成すべき資質・能力」のどちらを単元名にするべきでしょうか？　たかが単元のタイトルにすぎないと思う人もいるかもしれませんが，単元名は授業者がこの授業をどのように展開しようと考えているかを表すものですので，学習指導案を立案するに当たって重要な要素の一つです。

　例えば，「買い物ごっこ」という学習活動を通して，「３までの数を操作することができる」という資質・能力を育成しようとしたとします。こうした学習は教科として見た場合には，算数・数学の「数と計算」に該当します（小学部であれば，第１段階）。このとき，単元名を「買い物ごっこ」というようにしてしまうと，算数・数学の授業であることが分かりにくくなってしまいます。一方で，「３までの数」というように資質・能力を単元名にすると，授業の面白さをタイトルで表現することが難しくなります。

　特別支援教育で学んでいる子どもたちは，もともと学習が苦手な子どもが多いので，授業はとにかく楽しく展開しなければなりません。しかし，その一方で，「活動あって学びなし」*¹とならないように，育てたい資質・能力を明確にして授業を展開することが求められます。

2 学習活動と資質・能力を単元名に併記する

そのため，単元名には「お菓子屋さんへ行こう―3までの数の理解―」というように，「わくわくする学習活動」を前面に出して記載しながら，その後に「育成すべき資質・能力」を併記するのがよいと考えます。

ただし，グループで学習する場合には，個々に育成すべき資質・能力（学習課題）は異なる可能性があります。先の買い物ごっこでいえば，グループの子ども全員が「3までの数」を学ぶことが課題であるとは限らず，ある子どもはお皿の上に商品を一つずつ置いていくといった「1対1対応」が課題の子どもがいるかもしれません。

こうした場合には，「お菓子屋さんへ行こう―数と計算―」というように，学習活動の後ろに教科の領域名を明記し，どの領域の資質・能力を指導する時間であるかが分かるように単元名を記載するのがよいと考えます。

＊1 ポイント解説

中央教育審議会では，アクティブ・ラーニングを実践する際に，楽しく活動しているだけでなく，子どもが深く学ぶように授業を展開することが重要であると指摘されています。

（中央教育審議会（2016）「幼稚園，小学校，中学校，高等学校及び特別支援学校の学習指導要領等の改善及び必要な方策等について」。平成28年12月21日　を参照）

国語，算数・数学の単元名（例）

小学部算数「お菓子屋さんへ行こう―*3までの数の理解*―」
中学部国語「写真コメンテーター―*書く*―」
高等部国語「キャッチコピーで商品紹介―*書く・話す*―」

ポイント①

アクティブに学ぶことができるタイトルをつける。

● タイトルを見ただけで，子どもも教員もわくわくするタイトル。
● みんなでわいわいと学習できる活動をイメージできるタイトル。

ポイント②

育成を目指す資質・能力や教科の領域を記す。

● 課題が同じグループの場合，「3を数える」などの課題を記す。
● 複数の課題を含むグループの場合，「数と計算」などの教科の領域を記す。

子どもの「実態」を把握する

> **生徒の学習の実態**
>
> 　本グループは1年生男子1名，女子2名，2年生男子1名で構成されている。4名とも，手本を示したり繰り返し取り組んだりすることで，学習に見通しをもち，主体的に取り組むことができる。
>
> **生徒の国語の実態**
>
> 　国語の実態として，1名は，体験したことについて，写真などを手がかりに，関係する絵カードや写真カードを選んだり，指さししたりして伝えることができる。1名は，身振りや指さしなどで自分が体験したことを伝えることができる。2名は，写真を手掛かりにしたり，教師が質問したりすることで，体験したことやそのときに感じた気持ちを自分なりに振り返り，単語などで伝えることができる。

「実態」把握のポイントは…？

● 一人一人の実態を捉え，グループの特徴を把握する（学習の実態）。

● 子どもの発達の段階を踏まえ，指導する教科の目標につながる課題を記す（教科の実態）。

1 教科学習の「実態」を把握する

　「主体的・対話的で深い学び」を実現するためには，「普段，どのようなことに関心があり，友達とはどのくらい関われるのか」という実態を学習指導案に記載することは重要です。しかし，それ以上に「教科学習」は，子どもの発達の段階を把握することが重要です。

　教科とは様々な文化・領域の内容を「発達の系統性に即して配列したもの」と定義できます。学習指導要領では，小学部が1段階〜3段階，中学部・高等部が1段階と2段階に分けて目標や内容を整理していますので，まず，指導する子どもがどの段階に位置する子どもであるのかを把握し，学習指導案に記載することが必要です[2]。

2 各教科の領域ごとに発達の段階を捉える

　教科学習には領域があります。例えば，国語は「聞くこと・話すこと」「書くこと」「読むこと」の三つの領域で構成されています。学習指導要領には，領域ごとに段階別の目標と内容が示されていますので，発達の段階も領域ごとに把握することが必要です。

　もちろん，知的障害児は「知能全般において遅れがある」ということが特徴ですので，国語の段階と算数・数学の段階が大きく異なるということはあまり考えられません（例えば，小学部の子どもで国語が1段階なのに，算数が3段階など）。

　その一方で，「算数は苦手な様子で3までの数の理解がやっとだけど（小学部1段階），国語

では平仮名に興味があり，簡単な読み書きはできる（小学部２段階）」というような境界線で異なる段階に位置する子どもはいます。こうした子どもに対して，国語と算数を分けて授業を行う場合には，それぞれの実態に応じて教科ごとに課題を設定することが必要です。一方で，国語と算数を合わせて指導する場合には，学習指導案の実態には，国語と算数・数学のそれぞれの段階を記載することになります。

　また，複数の子どもがいるグループでは，異なる段階の子どもが混在していることもあるでしょう。もちろん，教科学習では，発達の段階があまり大きく異なると同じグループで指導することは難しくなりますが，多少の発達差のあるグループでも，教材を工夫すれば指導することはできます。この場合には，「Ａ児は～することができる（○段階）。また，Ｂ児は～を理解している（△段階）。」というように，異なる発達段階の子どもがいるグループであることを学習指導案に記載します。

＊２　ポイント解説

　WISCやビネーなどの発達検査の結果なども実態把握の際に有効な情報です。しかし，国語，算数・数学の実態把握は，あくまでも当該教科の内容がどこまで理解できているのかという点が重要となります。そのため，学習指導案には発達検査等の数値をそのまま記載するのではなく，教科の領域を学ぶのに必要な発達の状態を把握し，記述することが重要です。

小学部算数の段階（「数と計算」一部，抜粋）

第1段階：ものの有無や*3までの数的要素*に気付き，身の回りのものの数に関心をもって関わることについての技能を身に付ける
第2段階：*10までの数の概念*や表し方について分かり，数についての感覚をもつとともに，ものと数との関係に関心をもって関わることについての技能を身に付ける
第3段階：*100までの数の概念*や表し方について理解し，数に対する感覚を豊かにするとともに，加法，減法の意味について理解し，これらの簡単な計算ができるようにすることについての技能を身に付ける

（特別支援学校学習指導要領各教科編，p109／p116／p124より筆者が抜粋）

ポイント①
算数（数と計算）の段階が分かる点に注目し，対象児がどの段階に位置づくのかを把握する。

ポイント②
教科の領域ごとに段階は異なる。また，一人ずつ段階は異なるので，同じグループでも異なる段階の子どもがいることもある。

＊まずは学習指導要領に記載されている情報をもとに，各教科の段階を整理してみよう！

3 教科の「見方・考え方」を育てる

■単元を通して育てたい資質・能力，見方・考え方

　そこで本単元では，名詞などの単語だけでなく，形容詞，擬音語や擬態語といった気持ちや様子を表す表現を用いるようにした。そして，相手に分かりやすく伝えるためには，どのようにすればよいのかに気付き，自分なりに工夫して表現してみようとする意欲や態度を培っていきたい。

■資質・能力，見方・考え方を育てるためのアクティブ・ラーニング

　そのために，「ふとくフォトギャラリー」を開催するという場面の中で，高等部の行事を振り返り，年表形式の展示物を友達と協力して作成する活動を設定した。その中で，友達とやり取りしながら，体験したことやそのときに感じた気持ちを紹介するコメントや，写真に合った台詞を考えるようにした。そして，友達の考え方や様々な表現の仕方に触れることで，事柄や思いをいろいろな言葉で表せることに気付き，自分なりの表現の幅を広げることができるようにした。

「見方・考え方」を育てるには？

● 活動ではなくその教科で育てたい「資質・能力」に着目する（単元を通して育てたい見方・考え方）。

● 「見方・考え方」を育てる方法は楽しい学習活動を通してである（アクティブ・ラーニングの視点）。

1 「教科の見方・考え方」は学習活動ではない

　「教科の見方・考え方」は，「育成すべき資質・能力」を教科ごとに整理したものです。例えば，国語の授業の中で「聞く・話す」の力（資質・能力）を育てるために，「物事の順序を考えて相手に話すことができる」ということが挙げられています。これは，国語では「書かれている文章を，ただ声に出して読み上げる」というのではなく，「伝えたい内容を考える」ことが重要で，話すために「内容を整理して，順序立てる」という思考力を育てることが求められるという意味です。

　こうした能力が国語という教科で育成する「見方・考え方」です。ただし，これはあくまでも授業の目標（ねらい）であり，具体的な学習活動ではありません。そのため，学習指導案を考える際には，「授業の目標（資質・能力）」と「学習活動（教材）」を区別することが必要です。

2 教材は目標を達成するための文化的活動

　国語の授業で，「物事の順序を考えて相手に話すことができる」ということを目標にしたとしても，どんなテーマの話でもよいというわけではありません。例えば，「ゲームの司会者になって，みんなにルールが分かるように順序よく話す」というような授業は，一見アクティブ

で楽しそうに見えますが，子どもたちがそのゲームをやりたいと思っているのかによって話そうとする意欲は異なってきます。

　もし，国語の授業で，みんなでわいわいと楽しく「話す」ことを目標にして学習するのであれば，「どうしても相手に伝えたいと思うテーマ」を子どもに提示するほうが，子どもはたくさん話そうとするでしょう。もちろん，ゲームのルールを相手にどうしても理解してほしいという気持ちがあれば，この内容で十分です。しかし，子どもによっては，「自分の好きなアニメを紹介しよう」とか，「自分の家から東京駅までの行き方を話そう」などのほうが，興味・関心があることも多く，その場合には，アニメや電車の話のほうが「（相手に分かってほしいから）順序よく話をしようとする」かもしれません[3]。

　このように，教材とは，子どもと授業の目標を踏まえた「文化的活動」です。授業づくりにおいては，その教科のねらいに関連する子どもの遊びや文化を取り上げ，学習と結びつけることが重要です。

＊3　ポイント解説

　アクティブ・ラーニングでは，授業が楽しいものであるということが前提となります。しかし，それは，必ずしも「みんなで活動する」というものでなくてもかまいません。興味のある事柄を自ら調べて，言葉で表現するといった学習も国語のアクティブ・ラーニングです。そのため，国語の目標に向かって学習に取り組もうとする態度（＝「学びに向かう力」／主体的態度）が見られているかどうかが授業成立の条件となります（詳しくは次節参照）。

各教科の「見方・考え方」とは・・・育成すべき資質・能力を教科ごとに整理したもの

国語の目標例：ものごとの順序を考えて相手に話すことができる。

授業づくりのポイント

「資質・能力」をそのまま授業で展開すると・・・

「どうしても話したい！」と思うテーマを取り上げ，話す。
（「相手に伝えたいことがある」から人は話す。）

学習活動（教材）は文化的活動である！

「ゲームの進め方を順序通り言う」ことなどが指導課題となるが・・・

これではつまらない！

資質・能力＝教科の見方・考え方は指導目標ではあるが，学習活動ではない！

4 「学びに向かう力」を育てる

> **目指す深い学び（社会や世界とどう関わるかの視座，広がり）**
>
> このような学習を通して，自分の思いを分かりやすく伝えようとする意欲が高まり，さらに自分の表現が相手に伝わったという実感を味わい，日常生活において人と関わる力を身に付け，生活の質を高めていってほしい。

「深い学び」につながる学習を考えるポイント

● 日常生活に役立つか？という視点ではなく，生涯にわたって学び続けようとする態度が育つように，授業を展開する。

● 授業の中で「そういうことか！」という実感をもてることが，「深い学び」の第一歩。

　⇒認識的に深く「分かる」のはその次の段階。

1 学習指導案に「学びに向かう力，人間性等」を書き加える

　特別支援学校学習指導要領では，「知識及び技能」や「思考力，判断力，表現力等」に加えて，「学びに向かう力，人間性等」を育成することになっています。これまでの学習指導要領においても，「関心・意欲・態度」や「主体的な学び」は重視されてきましたので，必ずしも新しい柱であるとは言えないかもしれません。しかし，今後は「学びに向かう力・人間性等（あるいは主体的態度）」について，学習指導案の目標に記載していくことがよりいっそう求められます。

　といっても，なかなか「人間性」の育成を一つの単元の中に組み入れるのは難しいものです。あまりにもはっきりと，「～のような人間性を育てる」といった目標を設定してしまったらすべての学習が道徳の授業のようになってしまいます[*4]。

2 生涯にわたって学び続けようとする「主体的態度」を育てる

　それでは，各教科（特に国語，算数・数学）において，「学びに向かう力，人間性等（あるいは主体的態度）」をどのように指導していったらよいでしょうか？　学習指導案を立案する際には，「人間性」に注目するよりも，「学びに向かう力」をどのように育てるか，という点を考えるほうが具体化しやすいと考えます。特に知的障害のある子どもたちは，たった一度の単

元学習で育成を目指す資質・能力がすぐに身に付くことは少ないので，教材を変え，指導の仕方を工夫しながら，何度も似たような単元を組んで授業を展開することが必要です。そのため，「授業が終わったときにもう一度やりたい」と思うような授業を展開することがとても重要になります。

　アクティブ・ラーニングという学習形態は，このように何度も続けてやりたいと思うように授業を展開するものです。ただし，「学びに向かう力」というものは，例えば，△〇□の図形を学ぶ授業で，同じ形のものを重ね合わせたら「ぴったりはまった」ことが面白くて，何度もはめ込もうとするとか，文字を書けるようになった子どもが大好きな先生に毎日手紙を書こうとするなどというものであり，学びが生活に広がりを見せることも含まれます。

　このように，「学びに向かう力」を育てるということは，現在の生活を豊かにするために学ぶだけでなく，生涯にわたって学び続けようとする「主体的態度」を育てることを目指すものだと言えます。

＊4　ポイント解説

　道徳教育においても，「人間性」を具体的に指導し，評価するということが求められているわけではありません。現代の道徳教育は，様々なテーマにおいて「考え，議論する道徳」を展開することが求められていますので，道徳の授業であっても「人間性」を育て，評価するということはとても難しいことであると言えます。

学習指導案に記述する目標の書き方

知識及び技能	〜が理解できる／〜することができる。
思考力，判断力，表現力等	〜を思考（判断・表現）することができる。
学びに向かう力，人間性等	〜しようとする（主体的態度を育てる）。

ポイント①
三つの視点から授業の目標を立てる。

一つまたは二つの視点だけで目標を設定してもよいが，授業では三つの視点を総合的に育てていくことが重要。

ポイント②
「学びに向かう力，人間性等」は，「〜することができる」という目標ではなく，「〜しようとする」という目標にする。

「学びに向かう力」の目標例
国語：何度も〇〇の絵本を読もうとする。
算数・数学：ぴったりはまる形を見つけて枠にはめようとする。

5 単元の目標を設定する
～子どもの実態と授業内容の接点を探る～

---

❹ 目標

○自分が体験したことやそのときに感じた気持ちなどを相手に分かりやすく伝えることができる。 　　　　　　　　　　　　　　　　　　　　　　　　（知・技…（特）小2・ア（ア））

○友達の考えや表現に触れることで，感じたことや想像したことなどを，自分なりに工夫し，表現することができる。 　　　　　　　　　　　　　　（思・判・表…（特）小2・A・ウ）

○自分が体験したことや感じたことな

---

❼ 本時の指導

目標

○写真を見て，「誰が」「何をしているか」について，絵カードを選んだり，指さしをしたりして伝えることができる。 　　　　　　　　　　　　　　　　　　　　　　　　　（A）

○友達の表現を聞いて，自分なりに表現を工夫することができる。 　　　　　（D, I）

○写真を見て，そのときの気持ちを身振りや指さしなどで伝えることができる。 　（E）

○自分が体験したことや感じたことなどを，進んで伝えようとする。 　　　（学・人）

「目標」を考えるポイント

● 「知識及び技能」「思考力，判断力，表現力等」「学びに向かう力，人間性等」の三つの側面から目標を立てる（学習指導要領の該当箇所をア（ア）・A などで示す）。

● 「単元の目標」にはグループ全体で目指す目標を書き，本時の目標には個別に目標を立てる（誰の目標かを分かるように A・D などで記す）。

---

1 単元の目標を三つの観点から整理する

前節まで（pp.16-21）に，学習指導案の「単元設定の理由」に書くべき内容を整理してきました。こうした情報をもとに単元を設定したら，その単元を通してどのような資質・能力を育成していこうとするかについて検討し，授業の目標を具体的に設定することへと移っていきます。

学習指導要領では，各教科の目標を「知識及び技能」「思考力，判断力，表現力等」「学びに向かう力，人間性等」といった三つの観点に整理して示しています。学習指導案に単元の目標を記載する際にも，学習指導要領に示されている目標を参考にしながら，これらのすべての観点が含まれるように記載していくことが求められます[*5]。

---

2 「子どもの実態」と「授業内容」が接合するところが単元の目標

単元の目標は，「子どもの実態」と「授業内容」が重なり合うところを記載するものです。例えば，国語の授業で「はらぺこあおむし」を読む場合には，単語の意味がようやく分かる段階（実態）の子ども（小学部の場合は，第1段階）だとしたら，「はらぺこあおむし」に出てくる「アイスクリーム」や「キャンディ」などの「食べ物の名前が分かる（知識及び技能）」とか，「絵本の食べ物を指さすことができる（思考力，判断力，表現力等）」といった目標が設

定できます。

　一方で，話の結末を意識して物語を読むことができる段階（実態）の子ども（小学部の場合は，第３段階Ｃ読むことイ―小３・Ｃ・イ）だとしたら，「はらぺこだったあおむしが，たくさん食べすぎてお腹が痛くなってしまうけど，最後はさなぎになり，きれいな蝶になった」という「ストーリーの展開が分かる（思考力，判断力，表現力等）」ことを目標にすることができます。

　教科学習は子どもの発達の段階（実態）に応じて教材を選ぶことが重要ですので，本当であれば，小学部第３段階の子どもには，ストーリー展開を学ぶのにふさわしい教材を選定すべきなのかもしれません。しかし，教員数等の関係で，知的障害児に対する授業では，発達段階の異なる子どもが同じグループで学ぶことも考えられます。そうした場合には，「『はらぺこあおむし』を読もう」という共通の教材で，単元の目標に異なる段階（実態）の目標を加えて，集団での学習を成立させることができます。

＊5　ポイント解説

　「知識及び技能」「思考力，判断力，表現力等」「学びに向かう力，人間性等」の関係を考えて，授業の目標を立てることが大切です。

　例えば，いろいろなことを考えているうちに知識が身に付いたり，技能が高まると学びに向かう力が育つということもあります。授業づくりでは，これらの三つの柱が相互に関連するように単元を設計することが重要です。

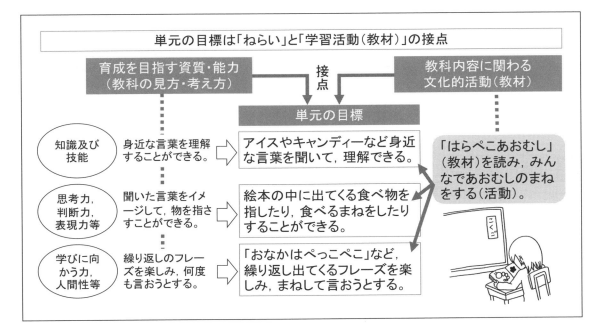

6 教科学習の「単元計画」を立てる

> **⑥ 指導計画（21時間扱い：1単位50分）**
> 第1次　ふとくツアーズ……………………………………………………… 6時間
> 第2次　ふとくフォトギャラリーへようこそ…………………………… 15時間（本時は第14時）

「単元計画」を考えるポイント
● 単元の目標を達成するために，ステップ（系統性）を踏んで学習を発展させられるように単元計画を考える。
● 第一次で「基礎」あるいは「学習の仕方」などを学び，第2次以降で様々な角度から学び，習得したことを活用したり，応用したりする学習へと発展させる。

1 「系統性」を意識して単元計画を立てる

　教科学習では，系統的に指導することが重要です。そのため，単元計画においても，生活に必要な力を身に付けるために経験を積ませるばかりでなく，スモールステップを組んで学習できるプロセスを考えることが必要です。

　例えば，「長さを比べる」といった算数・数学の資質・能力（小学部の場合，第3段階）を身に付ける単元を設定したとします。このとき，単に「生活で使える力」を身に付けるだけでなく，「数学的な見方・考え方」ができるように指導するためには，「長さを比べる」ということに関して，数学的な系統性を意識して単元計画を立てることが必要となります[*6]。

2 「活用力・応用力」を身に付ける単元計画

　教科学習の単元計画を立てる際には，以上のように系統的に指導ができているかどうかがポイントとなります。ただし，系統性を踏まえて指導の順序を整理するだけでは不十分で，算数・数学の力を最終的には様々な場面で活用したり，利用したりすることへと結びつけていく指導計画を立てることも必要です。

　例えば，先に例示した「長さ比べ」で考えると，まず，「長さを比べることの面白さを知る」（第1次：1時間扱い）ことをねらった授業計画にしたとします。その後，「長さを比べる方法

を知ろう」（第2次：8時間扱い）という計画にして，「直接比較」（2時間扱い）や「間接比較（任意単位を使った比較などを含む）」（6時間扱い）を指導します。その後，「いろいろな形のものを測ってみよう」（第3次：4時間扱い）というように，教科学習で学んだことを活用したり，応用したりする時間を設けるというように単元計画を立てることができます。

　以上のように，第1次は学習の関心を喚起し，学びに向かう力を引き出す時間とし，第2次に「数学的な見方・考え方」を系統的に指導した上で，第3次で活用・応用する力を育てる（これは従来から「言語活動の充実」として言われてきたものです）ことが単元の基本的な立て方となります。なお，知的障害児の教科学習を考える場合には，ときには「分かっていること」「できること」に戻って，既習事項をおさらいすることも重要です（例：直接比較はすでにできているが，もう一度やってみる等）。その上で，次のステップへと系統的に指導する（例：間接比較の問題にチャレンジする等）ことが重要となります。

＊6　ポイント解説

　「長さを比べる」学習は，算数・数学の中では「量と測定」の領域に該当します。小学校1年生以上の学習では，mやcmといった単位を用いて計測できるようになることが目標となりますが，知的障害児はその前段階の内容を系統的に指導することが必要な子どもが多くいます。そうした子どもたちには，「直接比較」から「間接比較」へと見方を発展させることや，間接比較の中でも「任意のものを利用して比較する」学習が重要です。

　　授業例：算数「魚釣り大会をしよう－長さ比べ－」

単元計画＝アクティブな授業の流れ	算数，数学「測定」の単元を例にすると・・・
第1次 学習の関心を喚起する	●長さを比べることの面白さを知る（1時間） 　例：展開「大きな魚はどれだ！」
第2次 教科の「見方・考え方」を系統的に指導する	●長さを比べる方法を理解し，比較することができる（8時間：直接比較／間接比較） 　例：展開「魚の頭をそろえて比べてみよう」 　例：展開「棒を使って比べてみよう」
第3次 応用・活用する力を育てる学習活動を用意する（言語活動の充実）	●いろいろな形のものを測ることができる（2時間） 　例：展開「一番大きな魚を釣ったのは誰だ！」

ポイント①
関心・意欲を喚起した上で，教科内容を系統的に指導する流れをつくる。

ポイント②
ねらいと楽しい学習活動（授業例）を分けて授業を考える。

「本時の授業」を展開する

時刻	学習内容・活動	支援上の留意点
10:40	1　本時の学習内容を知る。 (1)始めの挨拶をする。 (2)前時までの振り返りをする。 (3)本時の学習内容と目標を確認する。 ふとくフォトギャラリーに来てくれた人に，写真の内容が分かるような展示物を作ろう。	・姿勢を正しくして挨拶をすることで，授業の始まりを意識できるようにする。 ・前時までの学習を振り返ることで，本時の学習内容とつながっていることに気付くことができるようにする。

展開　⇒育成したい資質・能力

「本時の展開」を考えるポイント

●「本時の展開」には，「目標」を達成するために「具体的な学習活動」をどのように配列するかを記す。

●目標を達成するための具体的な「学習の流れ」を考える。

1 「目標」と「展開」を区別する

　単元の設定理由やその単元を通して育てること（目標），単元の流れ（計画）が明確になったら，本時の指導の展開を考えます。本時の指導では，「この授業で行うこと（＝学習活動）」を明確にすることが中心となりますが，本時の「目標」についても記載する必要があります。

　当然のことですが，「単元の目標」に記載した事項の一部が「本時の目標」となります。具体的には「単元の目標」は，グループ全体の子どもの課題を総合するようなものとなるため，多少，抽象的な表現になりますが，「本時の目標」は個別に具体化された資質・能力を記載していくことになります（ただし，「学びに向かう力，人間性等」については，みんなでその学習に向かうという意味で共通したものでよいでしょう）。

　一方で，学習活動については，学習時間内に子どもたちが活動する内容を具体的に記載します。もちろん，ここでは，本時の目標を達成するために必要な学習活動を具体的に書き記すことが必要ですが，これまで作成してきた学習指導案と同様に，「導入」⇒「展開」⇒「まとめ」のような流れをつくって授業を進めていくことが子どもたちに分かりやすい授業の展開になります。

2 授業展開における「盛り上がり」と「振り返り」

　それでは，アクティブ・ラーニングを意識した授業づくりでは，授業の展開はどのように工

夫していくことが必要でしょうか。

　アクティブ・ラーニングでは，学習活動に没頭し，他者と協同的に学んでいるうちに「深い学び」へと進んでいくことが求められています。そのため，授業の展開においても，例えば，「みんなで一緒に読む」という活動をした上で，「それぞれの役を演じてみる」というような劇活動を取り入れ，主人公の心情になりきるといった学習の展開が考えられます。

　その一方で，アクティブ・ラーニングでは，自己と他者の関係を見つめなおす「振り返り」の時間が大切であるとも考えられています。自分と友達の考え方の同じところと違うところや，友達のどんなところがよかったのかなど，様々な方法で振り返り*7，自分が学んだことを確認することが重要です。こうした他者との協同的な学びを通して身に付けた資質・能力は，変化する状況の中でも活用できる力（コンピテンス）へと発展していくと考えられます。

＊7　ポイント解説

　知的障害児は自らの学習を「振り返る」ことは苦手な子どもが多いです。そのため，「振り返り」の方法については様々に工夫していく必要があります。具体的には，言葉で「今日はどんなことをした？」と尋ねるだけでは思い出すことができない知的障害児に対しては，動画を録って振り返りの時間に見る，などという方法もあります。このとき，自分の行動だけでなく，友達の様子も一緒に振り返ると，協同的な学びの振り返りが可能となります。

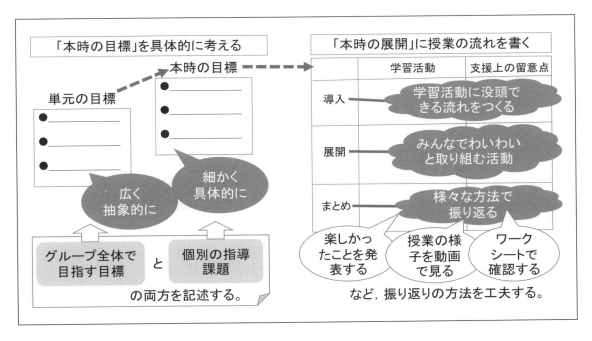

8 「支援上の留意点」を示す

支援上の留意点

・姿勢を正しくして挨拶をすることで，授業の始まり
を意識できるようにする。
・前時までの学習を振り返ることで，本時の学習内容
とつながっていることに気付くことができるように
する。

⇒友達の発表を聞いて，写真の紹介文や気持ちを表
す台詞などの表現を自分なりに工夫することがで
きたか。　　　　　〈観察・ワークシート〉（D，I）

「支援上の留意点」「評価の視点」考えるポイント

●授業全体で留意する点と，個別に支援する点の両方を記述する。TT 指導の場合には教員の
役割分担が分かるようにする。

●授業のどの場面で，どのような点を見て評価するかを書く。「観察」や「ワークシート」な
どの評価方法も記す。

1 「授業全体への配慮」と「個別の配慮」を組み合わせる

　支援上の留意点には，本時の目標を達成するために，必要な教師の関わり方や教材の提示の
仕方を書いていきます。ここでは，授業が円滑に進行していくために必要な配慮とともに，
個々の子どもの学習のつまずきを踏まえた必要な支援を考え，それらを「支援上の留意点」に
記載していくことが必要です。

　例えば，「数を数える」指導をするために，ボウリングを学習活動にしたとします。このと
き，「勝ち負けにこだわって計数の学習ができなくならないように自己ベストを目指すゲーム
にする」など，授業全体の進行が円滑になるような工夫を考え，記載することが考えられます。
一方で，「A 児は，倒したピンの数をすぐに忘れてしまうので，個別にプリントを用意して計
算できるようにする」など，個別の支援方法を記載することも必要です[8]。

2 「評価」の視点をもって指導（支援・配慮）する

　上記の配慮や支援に加えて，この授業で育成したい資質・能力がどの場面で評価できるのか
という点についても，「支援上の留意点」に記載しておくとよいでしょう。教科学習で育成を
目指す資質・能力は，単に教師が用意した学習活動ができればよいのではなく，「育成を目指
す資質・能力」が達成できたかどうかが大切です。そのため，学習指導案には子どもの学習到

達度を授業のどの場面で確認するのかを意図的・計画的に記述することが必要となります。

　これは，目標で掲げた資質・能力は「学習活動」を通して育つものだという考え方が根底にあります。言い換えると，授業の展開のどこかで「育成を目指す資質・能力」の一部がパフォーマンスとして発揮されることがあるはずだということです。

　もちろん，学習活動と連動する評価は，この授業の「目標」の一部が達成できたかを見ていくものですので，具体的な姿を評価項目として想定することもできます。また，実際に授業の中で評価するときは，〈観察〉が評価の中心的な方法となるかもしれませんが，場合によっては教師が〈発問〉して答えられるかどうかを見ていくこともできます。そのほか，〈ワークシート〉の書き込みや，授業終了時の〈発表〉など，授業で用意した様々な活動と連動する形で評価の視点を学習指導案に書き込んでいくと，「指導」と「評価」を一体化して授業を展開することができるようになります。

＊8　ポイント解説

　アクティブ・ラーニングでは，みんなでわいわいと授業をすることが推奨されます。こうした授業は楽しく学ぶという点ではよいのですが，発達や能力に差のある集団で授業を展開する場合には，他の子どもの学習についていくことができない子どもが出てきてしまう可能性があります。そうした子どもの学びを保障するために，「支援上の留意点」が重要なものとなります。

「支援上の留意点」を充実して，きめ細かく指導する

学習活動	支援上の留意点
授業全体の配慮・支援	例：勝ち負けにこだわってゲームを続けられなくならないように，自己ベストを目指すボウリングとする。
個別の配慮・支援	例：他の子どもが倒したピンを数えられるように机上にワークシートを用意する。
評価の視点を書く	例：(A児) 1回目と2回目の倒したピンを合計できたか(ワークシート)。 (B児) 倒れたピンを指で指しながら数えることができたか(観察)。

ポイント①

授業の進行に必要な支援や配慮を記入する。

ポイント②

能力差のあるグループでは，すべての子どもが目標に到達できるように「個に応じた支援」の方法を記入する。

ポイント③

授業の流れの中で本時の目標（育成を目指す資質・能力）が達成できたかどうかを評価する機会をつくる。

［＊（　）内に評価の方法を具体的に記す。］

「目標に準拠した学習評価」を行う

---

❺ 単元の評価規準

○自分が体験したことやそのときに感じた気持ちなどを相手に分かりやすく伝えることができたか。 (知・技)

○友達の考えや表現に触れることで，感じたことや想像したことなどを，自分なりに工夫し，表現することができたか。 (思・判・表)

○自分が体験したことや感じたことなどを，友達や教師に分かりやすく伝えようとしたか。

⇒写真を見て，「誰が」「何をしているか」について，絵カードを選んだり，指さしをしたりして友達や教師に伝えることができたか。 〈観察〉（A）

「評価規準／基準」を考えるポイント

● 「評価規準」は単元の目標が大まかに達成できたかどうかを記したもの（「単元の目標」に続けて記す）。

● 「評価基準」は本時の授業の中で具体的にどの場面で，どのように評価するかを記したもの（「支援上の留意点」の中に記す）。

1 評価の「規準」と「基準」の区別

特別支援教育においても，評価を行う場合には，通常の教育と同様に単元や授業ごとに「規準」と「基準」を設定し，それに従って評価していきます。これらをそれぞれ「規準＝ノリジュン」「基準＝モトジュン」として区別すると，「規準＝ノリジュン」は目指すべき到達目標を示すのに対して，「基準＝モトジュン」は規準を具体的に評価するために，学習の達成度や到達度を明示したものであると言えます[*9]。

学習指導案に評価の視点を書く場合には，「評価規準」は単元全体の目標が達成できたかどうかという点を書きます。一方で，「評価基準」については，「単元の目標が達成できたと判断できる具体的な子どもの姿」を明確にすることが必要になりますので，「本時の指導」の中で具体的に評価の視点を設定していくのがよいでしょう。

2 「目標」と「評価」を一体化する

具体的に「目標」と「評価」の関係を見ていきましょう。例えば，国語の授業で，単元の目標として，「言葉の響きに親しむ」と設定した場合には，評価規準についても，「言葉の響きに親しむことができたか」という記載になります。

また，「言葉から感じ取ったことを，動作で表現することができる」という本時の指導目標

を立てた場合には，絵本を読み，それを演じる中で，感じたことが表現できているかどうかを見ていくことが「評価」となります。この場合，設定した目標に対して，評価の視点を学習指導案に記載する場合には，単純に考えると，「言葉から感じ取ったことを，動作で表現することができたか」という記載になります。

このように，学習指導案に記載される評価は「目標を裏返すように書く」ようになります。その上で，目標を立てた際に，その目標が授業のどこで，どのような方法で評価することができるかという点を明確にします（pp.28-29を参照）。もちろん，目標や評価の基準は，学習指導要領に記載されている各教科の目標を参考にすることもできます。しかし，評価基準がすべて学習指導要領に記載されているわけではないので，授業の流れの中で「〜のような姿が見られるはず」と考えて，教師自身が評価基準を考え，学習指導案に表記していくことが求められます。

＊9　ポイント解説

近年では，より多くの教師が共通した視点で評価することができるようにルーブリックを作成する学校もあります。また，エピソードを通して子どもの学びの評価を質的に行う方法も開発されています。

（田中耕治，2020，「学習評価とは何か」『資質・能力の育成と新しい学習評価』pp.2-26　を参照）

「目標」に準拠した「評価」
（「指導」と「評価」の一体化）

本時の目標例　「大きなかぶ」をみんなで抜こう

●「大きなかぶ」の登場人物が分かる（知識及び技能）。
●「うんとこしょ，どっこいしょ」と言いながら，力を入れてかぶを抜くことができる（思考力，判断力，表現力等）。
●「まだまだかぶは抜けません」の繰り返しのフレーズを楽しく言おうとする（学びに向かう力，人間性等）。

国語の単元の目標例
絵本のフレーズを楽しみながら，言葉から感じ取ったことを動作で表現する。

評価の観点＝評価規準

●絵本の言葉を感じ取り，身体で表現することができたか（思考力，判断力，表現力等）。
●絵本のフレーズ（言葉の響き）を繰り返し言おうとしたか（学びに向かう力，人間性等）。

授業の中で上記の点が見られたかどうかを評価する＝評価基準

ポイント①

評価は目標を裏返したような表現になる。

ポイント②

「発言の回数」「着席時間」など，形式的な側面を取り上げて評価しない！

	(4)ふとくフォトギャラリーをオープンする。	・みんなで作り上げた展示物を教室内に掲示することで，完成した喜びや達成感を感じることができるようにする。
11:20	3　来年度のふとくフォトギャラリーの企画会議をする。	・企画会議をする際には，考えるポイントを伝えたり，友達の発言について教師がより具体的な質問をしたり，Ｔ2にも参加者として意見を求めたりすることで，展示してみたい高等部の行事のイメージを広げることができるようにする。
11:25	4　本時の振り返りをする。	・がんばったことやよかった点を具体的に伝え，称

「カリキュラム・マネジメントの視点」を考えるポイント

● 「教室内に閉じられた学習」ではなく，可能な限り「社会に開かれた学習」となるように授業を展開する。

● 具体的には，他の科目（生活単元学習や特別活動等）とリンクさせて，この授業の発展的な学習が他の科目で展開できるようにカリキュラムをマネジメントする。

1　学習指導案づくりから考えるカリキュラム・マネジメント

　カリキュラム・マネジメントというと，時間割の調整であったり，外部機関との連携といったイメージがあるかもしれませんが，教科の単元学習を立案する際にも大きく関係してきます。例えば，国語の時間に文字の読み書きを学んだ子どもは，（「学びに向かう力」が十分に育っていれば）文字を書いて誰かに伝えたいという気持ちになるでしょう。教科学習においても，教室に閉じられたものでなく，「社会に開かれた」ものとなるようにするには，こうした機会を捉えて他の授業とリンクしていくことが重要となります。

　具体的に，「年賀状を書こう」という学習で考えてみましょう。もともと，「書いて伝える」という行為は，毎日，顔を合わせている身近な他者には不要なものです（そうした人には話し言葉で伝えればよいので）。そうではなく，「書く」ということの本質は，普段，会うことができない遠くにいる人に「思い」を伝えようとするものです。国語の授業では，どうしても平仮名や漢字を書く練習に時間を割くことが多くなりますが，本来，国語の力とは，身に付けた言葉の力を社会に開いて発揮する機会を設けることでより確かなもの（学力）になっていくと考えます。

2　各科目の年間計画と教科の単元計画をリンクする

　以上のような学習は，生活単元学習とリンクさせることも有効で，こうした授業はこれまでにも様々に実践されてきました[*10]。こうした意味では，特別支援教育に関して言えば，カリキュラム・マネジメントは決して新しい概念ではないかもしれません。むしろ，これまで行ってきた学習の有機的連携を，より意図的に実践していくことが求められていると考えます。

　意図的・組織的にカリキュラムを調整していくためには，様々な科目の年間計画を各教科の単元計画とリンクさせていくことが重要となります。例えば，行事などで出かけることが決まっている時期に合わせて「この教科の単元を組もう」というように，可能な限り学習を関連させることで子どもの学びは広がり，深まります。もちろん，教師は他の科目で学習したことや経験したことを国語や算数・数学の授業の中でも話題にすることは可能です。こうした授業中の教師の一言も，ミクロな意味では，カリキュラム・マネジメントだと言えます。

＊10　ポイント解説

　　知的障害児教育において長い間，展開されていた生活単元学習は，各教科の資質・能力（見方・考え方）を生活や社会に広げていくことができるものです。今後，生活単元学習は知的障害児に対する「総合的な学習」として位置付けるとよいのではないかと筆者は考えています。

（新井英靖・茨城大学教育学部附属特別支援学校編（2019）『特別支援学校新学習指導要領を読み解く「各教科」「自立活動」の授業づくり』明治図書　を参照）

「カリキュラム・マネジメント」を意識した授業改善の視点

学習を教室内に閉じたものにするのではなく・・・ ⟶ 社会に開かれた学習にする

「平仮名や簡単な漢字が書ける」
（国語・書くことの目標例）

単元名「年賀状を書こう」（国語・書くこと）

「書くこと」の本質は？
普段，会っていない人に「思い」を伝えること

教科学習は・・・発達に応じた系統的指導が必要だが・・・

「書くこと」の知識・技能を生活や社会に広げていくことが重要。

ポイント①
その指導方法が「平仮名や漢字を（ドリルで）練習する」ことに終始してはならない。

ポイント②
国語の言語活動として単元学習を考えるだけでなく，生活単元学習の季節単元として発展的に展開することも考える。

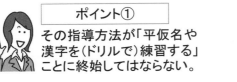

聞くこと・話すこと	書くこと	読むこと

高等部　国語科　学習指導案

ふとくフォトギャラリーへようこそ

▶日時：○月○日　10時40分～11時30分　　▶場所：高等部１年教室

❶ 単元

ふとくフォトギャラリーへようこそ

❷ 単元について

■ 生徒の学習の実態

　本グループは１年生男子１名，女子２名，２年生男子１名で構成されている。４名とも，手本を示したり繰り返し取り組んだりすることで，学習に見通しをもち，主体的に取り組むことができる。

■ 生徒の国語の実態

　国語の実態として，１名は，体験したことについて，写真などを手がかりに，関係する絵カードや写真カードを選んだり，指さししたりして伝えることができる。１名は，身振りや指さしなどで自分が体験したことを伝えることができる。２名は，写真を手掛かりにしたり，教師が質問したりすることで，体験したことやそのときに感じた気持ちを自分なりに振り返り，単語などで伝えることができる。

■ 単元を通して育てたい資質・能力，見方・考え方

　そこで本単元では，名詞などの単語だけでなく，形容詞，擬音語や擬態語といった気持ちや様子を表す表現を用いるようにした。そして，相手に分かりやすく伝えるためには，どのようにすればよいのかに気付き，自分なりに工夫して表現してみようとする意欲や態度を培っていきたい。

■ 資質・能力，見方・考え方を育てるためのアクティブ・ラーニング

　そのために，「ふとくフォトギャラリー」を開催するという場面の中で，高等部の行事を振り返り，年表形式の展示物を友達と協力して作成する活動を設定した。その中で，友達とやり取りしながら，体験したことやそのときに感じた気持ちを紹介するコメントや，写真に合った台詞を考えるようにした。そして，友達の考え方や様々な表現の仕方に触れることで，事柄や思いをいろいろな言葉で表せることに気付き，自分なりの表現の幅を広げることができるようにした。

■ 目指す深い学び（社会や世界とどう関わるかの視座，広がり）

　このような学習を通して，自分の思いを分かりやすく伝えようとする意欲が高まり，さらに

自分の表現が相手に伝わったという実感を味わい，日常生活において人と関わる力を身に付け，生活の質を高めていってほしい。

❸ 生徒の実態

氏名	国語に関する実態	学習態度・行動特徴など	学びの段階
A	自分が体験したことの写真を見て，その場面に出てくる人やものの写真カードを選択し，マッチングすることができる。	手本を示したり，繰り返し取り組んだりすることにより，学習に見通しをもち，主体的に取り組むことができる。	（特）中1段階A・イ（ただし，小2段階・アから実態・課題を抽出）
D	体験したことやそのときの気持ちを簡単な言葉で伝えることができる。	不安や緊張を訴えることがあるが，安心できるような言葉掛けをすることで，自分の考えを述べることができる。	（特）中1段階A・ウ（ただし，小2段階・ウから実態・課題を抽出）
E	体験したことを身振りや指さしなどを用いて伝えることができる。	注意がそれることがあるが，言葉掛けをすることで，気持ちを切り替えて学習に取り組むことができる。	（特）中1段階A・イ（ただし，小2段階・ウから実態・課題を抽出）
I	体験したことを名詞などの単語で伝えることができる。	学習内容を視覚的に提示したり，ヒントを添えて説明したりすることにより，学習内容を理解することができる。	（特）中1段階A・イ（ただし，小2段階・ウから実態・課題を抽出）

❹ 目標

○自分が体験したことやそのときに感じた気持ちなどを相手に分かりやすく伝えることができる。 （知・技…（特）小2・ア（ア））

○友達の考えや表現に触れることで，感じたことや想像したことなどを，自分なりに工夫し，表現することができる。 （思・判・表…（特）小2・A・ウ）

○自分が体験したことや感じたことなどを，友達や教師に分かりやすく伝えようとする。

（学・人…（特）小2・ウ）

❺ 単元の評価規準

○自分が体験したことやそのときに感じた気持ちなどを相手に分かりやすく伝えることができたか。 （知・技）

○友達の考えや表現に触れることで，感じたことや想像したことなどを，自分なりに工夫し，

表現することができたか。 (思・判・表)

○自分が体験したことや感じたことなどを, 友達や教師に分かりやすく伝えようとしたか。

(学・人)

❻ 指導計画 (21時間扱い: 1単位50分)

第1次 ふとくツアーズ……………………………………………………… 6時間

第2次 ふとくフォトギャラリーへようこそ…………………………… 15時間 (本時は第14時)

❼ 本時の指導

目標

○写真を見て, 「誰が」「何をしているか」について, 絵カードを選んだり, 指さしをしたりして伝えることができる。 (A)

○友達の表現を聞いて, 自分なりに表現を工夫することができる。 (D, I)

○写真を見て, そのときの気持ちを身振りや指さしなどで伝えることができる。 (E)

○自分が体験したことや感じたことなどを, 進んで伝えようとする。 (学・人)

準備・資料

行事写真, マス目シート, 写真または絵カード, 単語チップ, 平仮名チップ, ホワイトボード, ホワイトボードマーカー, 学習予定, カレンダー, イーゼル

展開

⇒育成したい資質・能力

時刻	学習内容・活動	支援上の留意点
10:40	1 本時の学習内容を知る。 (1)始めの挨拶をする。 (2)前時までの振り返りをする。 (3)本時の学習内容と目標を確認する。 ふとくフォトギャラリーに来てくれた人に, 写真の内容が分かるような展示物を作ろう。	・姿勢を正しくして挨拶をすることで, 授業の始まりを意識できるようにする。 ・前時までの学習を振り返ることで, 本時の学習内容とつながっていることに気付くことができるようにする。
10:45	2 「ふとくフォトギャラリー」の会場準備をする。 (1)始めのミーティングをする。	・写真を見て, 実際に何をしている写真かを説明したり, 写真の人物の気持ちを表すような台詞をみんなで考えたりすることで, 展示物制作の手順や写真のどこに注目すればよいかを理解することができるようにする。

(2)展示物（案）を作る。	・□A□には，動作を表す絵カード等を提示することで，「誰が」「何をしているか」について，写真に合った内容の絵カードを選ぶことができるようにする。（T2）
	⇒写真を見て，「誰が」「何をしているか」について，絵カードを選んだり，指さしをしたりして友達や教師に伝えることができたか。　〈観察〉（A）
	・□E□には，動作を表す絵カード等を提示することで，写真の内容やそのときに感じた気持ちを身振りや指さしなどで表現することができるようにする。（T1）
	⇒写真を見て，そのときに感じた気持ちを，身振りや指さしなどを用いて，友達や教師に伝えることができたか。　〈観察〉（E）
(3)展示物決定会議をする。	・□D□,□I□は，写真に合った台詞を考える際，表情に注目できるような言葉掛けをしてどんな気持ちかを想像したり，写真の活動を実演して活動音を言葉で表現したりすることで，写真に合った台詞を考えることができるようにする。 ・□A□や□E□が身振りや指さしで表現した際には，□D□や□I□がどのように受け止めたかを確認することで，伝えたい内容が友達に伝わったという実感をもてるようにする。 ・□D□,□I□は，友達との表現の違いや，擬音語や擬態語などを用いた表現に注目できるような言葉掛けをすることで，同じ内容であっても，様々な表現の仕方があることに気付くことができるようにする。
	⇒友達の発表を聞いて，写真の紹介文や気持ちを表す台詞などの表現を自分なりに工夫することができたか。　〈観察・ワークシート〉（D，I）
(4)ふとくフォトギャラリーをオープンする。	・みんなで作り上げた展示物を教室内に掲示することで，完成した喜びや達成感を感じることができるようにする。

11:20	3　来年度のふとくフォトギャラ 　リーの企画会議をする。	・企画会議をする際には，考えるポイントを伝えた り，友達の発言について教師がより具体的な質問 をしたり，Ｔ２にも参加者として意見を求めたりす ることで，展示してみたい高等部の行事のイメー ジを広げることができるようにする。
11:25	4　本時の振り返りをする。 (1)本時の学習を振り返る。 (2)次時の学習内容を確認する。 (3)終わりの挨拶をする。	・がんばったことやよかった点を具体的に伝え，称 賛することで，次時への学習意欲を高めることが できるようにする。

高等部　国語科　「ふとくフォトギャラリーへようこそ」単元計画の詳細について

●指導計画
第１次　ふとくツアーズ……………………………………………………………… ６時間
第２次　ふとくフォトギャラリーへようこそ…………………………………………… 15時間

●詳細
○第１次　「ふとくツアーズ」
・ショッピングモールや縁日，遊園地などに出かける計画を友達と話し合って立てた。
・(模擬縁日やフードコートなどの店舗を教室内に設置し) 実際に友達と出かけ，買い物をしたり，
　ゲームなどの活動をしたりした。教師は活動の様子を写真に記録した。
・その時間に体験したことやそのときに感じた気持ちを，日記に書いた。書くことが難しい生徒は，
　体験したことを写真カードや絵カードから選択するようにした。
　※日記なので，主語は自分。
○第２次　「ふとくフォトギャラリーへようこそ」
・第１次の「ふとくツアーズ」で撮影した写真や，今年度の学校行事の活動写真を「ふとくフォト
　ギャラリー」として，アルバムや掲示物といった形で展示し，お客さんに紹介するために，体験
　したことやそのときの気持ちを紹介コメントとして分かりやすくまとめる，という流れにした。
・第２次の前半は，生徒一人一人が個人アルバムを制作するようにした。その時間で扱うテーマ
　(行事) は全員共通にした。
　※生徒の個人写真を用いてアルバムを制作。主語は自分のままだが，写真を他者に分かりやすく
　　紹介するという視点が加わるので，写真にあった台詞を考えたり，形容詞，オノマトペなどを
　　用いたりするなど，表現の幅が広がるように支援した。
・第２次の後半は，フォトギャラリー用の展示物を共同制作するという設定で，２グループに分か
　れてそれぞれ案をつくり，決定会議の中で一つの展示物にまとめていくという流れで行った。
　※友達も一緒に写っている活動写真を用いるので，写真のどこ (誰) に注目するかで主語は変わ
　　る (または複数になる)。また，自分だけでなく，友達の様子を紹介したり，気持ちを想像し
　　て台詞を考えたりする活動も加わる。
　※友達と共同制作をすることで，友達の考え方や様々な表現に触れることで，自分の表現の幅を
　　広げることができるようにした。

(鈴木　裕美・京松　啓子)

第3章

「国語」「算数・数学」の
学習指導案づくり

学習指導案づくりと授業づくりのポイント

1 単元と個別の目標の違い

　学習指導案を立案する際によく質問されることの一つに，「授業全体の目標」と「個別の目標」は何が違って，両者はどのような関係にあるのか？ということがあります。

　まず，「授業全体の目標」は，各教科の目標をもとに設定するものです。具体的には，この単元（題材）において，どのような力を身に付けさせたいかを明確にして記述することが必要となります。その一方で，個々の子どもの目標については，「個別の指導計画」に記されている短期目標とのつながりを意識して設定することが必要です。

　このように，「授業全体の目標」では，何のために授業を行うのか，何を授業のゴールとするのかという点を書くのに対して，「個別の目標」は，児童生徒の「個別の指導計画」に記されている一人一人の目標をもとに設定していきます。

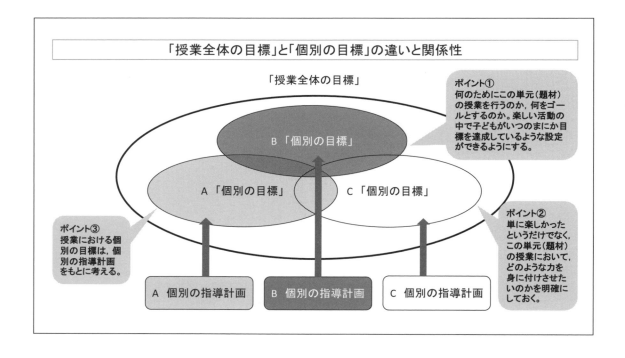

2 「学習活動」と「支援上の留意点」を書き分ける

　また，学習指導案の立案にあたっては，「学習活動」と「支援上の留意点」の違いや関係性についてもよく質問されます。これは，「本時の展開」を考える際に，「学習活動」と「支援上の留意点」をどのように書き分けるか？という質問です。

　この両者を区別して捉えると，「学習活動」は児童生徒の立場から記述するものだと言えます。そのため，主語が児童生徒となるように記述するとよいでしょう。

　一方で，「支援上の留意点」は，授業者がどのようなねらいでどのような指導を行うのか，指導のポイントを記述するものです。そのため，主語が授業者になるように書いていきます。その内容は，児童生徒の実態から想定されることに対する個に応じた指導の手立てを記述します。また，TT で指導する場合は，教員の役割分担が分かるように記述することも必要です。さらに，安全面の配慮が必要な場合には，この欄にそれを必ず記述するようにします。

　このように，学習指導案を書く際には，項目ごとに書くべき内容があります。それらを意識して，教師の意図を明確に記入していくことが大切です。

「学習活動」と「支援上の留意点」の書き分け

時刻	学習内容・活動	支援上の留意点
9:40	1　本時の学習内容を知る。 (1)始めの挨拶をする。 (2)本時の学習内容を知る。 (3)名前を書く。	・姿勢を整え，みんなで声を合わせて挨拶をすることで，学習の始まりを意識できるようにする。 ・「1から順番に書いていきます」や「ゆっくり曲げます」などと言葉掛けをしたり，書き始めの部分を指し示したりすることで，筆順や字形に気を付けて名前を書くことができるようにする。 ・A　には，やり取りを十分しながら気持ちを盛り上げていくことで，自分の名前をなぞることができるようにする。

ポイント①
・主語は児童生徒にする。
・具体的な学習活動について，児童生徒の立場から記述する。

ポイント②
・主語は授業者にする。
・授業者がどのようなねらいでどのような指導を行うのか，指導のポイントを記述する。
・児童生徒一人一人に応じた指導について，実態から想定されることに対する手立てを記述する。
・TTの場合は，教員の役割分担，指導内容の分担が分かるように記述する。
・安全面への配慮事項を記述する。

ポイント③
「～することで（手立て）～できるようにする。」と記述する。

（江間留美子）

聞くこと・話すこと	書くこと	読むこと

小学部　国語科　学習指導案

でんしゃにのって〜簡単な言葉で伝えよう〜

▶日時：〇月〇日　9時40分〜10時25分　　▶場所：小学部1年教室

❶ 単元

でんしゃにのって〜簡単な言葉で伝えよう〜

❷ 単元について

児童の学習の実態

　本グループは1年生男子3名で構成されている。学習活動から気持ちがそれたり，離席したりすることがあるが，興味・関心のある活動に対しては意欲的に取り組むことができる。

児童の国語の実態

　国語の実態としては，3名とも教師と簡単な言葉を介してのやり取りができる。また，教師や友達に自分の思いを言葉で伝えようとする気持ちが芽生えてきている。1名は，平仮名で書かれた自分や友達の名前が分かる。1名は，平仮名に興味をもち，文字を読むことができる。1名は，平仮名や片仮名に興味をもち，簡単な文を読むことができる。

単元を通して育てたい資質・能力，見方・考え方

　そこで本単元では，絵本の読み聞かせを通して，言葉の響きやリズムを感じたり，物語の一場面を簡単な言葉で唱えたり動作化したりすることで，言葉に親しむことができるようにしたい。また，教師や友達との関わりを楽しみながら，音声で模倣したり，返事をしたり，簡単な言葉で表現したりできるようにしていきたい。そして，それらを日常生活の中でも生かそうとする態度を培いたい。

資質・能力，見方・考え方を育てるためのアクティブ・ラーニング

　そのために，絵本「でんしゃにのって」（とよたかずひこ，アリス館）の繰り返しのある電車の音や台詞が出てくる簡単な物語を使い，児童の今までの経験をもとに動物を選んだり，動物の動きや台詞等を考えたりする活動を取り入れ，友達や教師と言葉で伝え合う楽しさを味わえるようにした。また，簡単な言葉でのやり取りをしたり，友達の話を聞いたりすることで，児童のもつ言葉のイメージをさらに広げていくことができるようにしたい。

目指す深い学び（社会や世界とどう関わるかの視座，広がり）

　このような学習を通して，身近な言葉に興味・関心をもち，その面白さに気付いたり，自分の思いを伝え合うよさを感じたりすることで，日常生活の中で言葉のイメージを豊かにし，積極的に読んだり，伝えたりする意欲につながっていくのではないかと考える。

❸ 児童の実態

氏名	国語に関する実態	学習態度・行動特徴など	学びの実態
A	発音の不明瞭さはあるが，自分の思いを言葉で伝えることができる。平仮名で書かれた自分や友達の名前の一部を読むことができる。	気持ちが活動に向かずに離席や活動が進まないことがあるが，興味・関心のある活動には意欲的に取り組むことができる。	（特）小1段階・C・エ
B	自分の思いを言葉や指さし，身振り等を使って伝えることができる。平仮名の清音や濁音を正しく読むことができる。	学習活動に見通しがもてないときに気持ちがそれることがあるが，教師の言葉掛けを受け，落ち着いて取り組むことができる。	（特）小1段階・C・エ
C	自分の伝えたいことを1，2語文程度で相手に伝えることができる。平仮名の清音や濁音，一部の拗音や撥音を読むことができる。	教材の配置等が気になり，学習活動から気持ちがそれることがあるが，環境を整えることで落ち着いて取り組むことができる。	（特）小1段階・C・エ

❹ 目標

○イラストや平仮名に注目し，興味をもって聞いたり読んだりすることができる。

（知・技…（特）小1・ア・（イ））

○絵本を見て，楽しみながら言葉や動作を模倣することができる。

（思・判・表…（特）小1・C・エ）

○言葉に興味をもち，言葉で自分の思いを伝えようとする。 （学・人…（特）小1・ウ）

❺ 単元の評価規準

○イラストや平仮名に注目し，興味をもって聞いたり読んだりすることができたか。（知・技）

○絵本を見て，楽しみながら言葉や動作を模倣することができたか。 （思・判・表）

○言葉に興味をもち，言葉で自分の思いを伝えようとしたか。 （学・人）

❻ 指導計画（20時間扱い：1単位45分）

第1次　お話を読もう……………………………………………………… 5時間

第2次　お話を作ってみよう……………………………………………… 13時間（本時は第9時）

第3次　まとめをしよう…………………………………………………… 2時間

❼ 本時の指導

▌目標

○動物のイラストを見て，動物の名前を言うことができる。 (A)

○物語に出てくる簡単な台詞や鳴き声を言うことができる。 (B)

○物語の流れに合わせて，台詞を言うことができる。 (C)

○言葉や身振りで自分の思いを表現しようとする。 (学・人)

▌準備・資料

　ホワイトボード，活動予定表，名前ボード，マーカー，顔写真カード，あいうえおのうたカード，絵本，電車内の背景，電車・動物のイラスト，動物名カード，駅名カード，吹き出し台詞カード

▌展開

⇒育成したい資質・能力

時刻	学習内容・活動	支援上の留意点
9:40	1　本時の学習内容を知る。 (1)始めの挨拶をする。 (2)本時の学習内容を知る。 (3)名前を書く。	・姿勢を整え，みんなで声を合わせて挨拶をすることで，学習の始まりを意識できるようにする。 ・「1から順番に書いていきます」や「ゆっくり曲げます」などと言葉掛けをしたり，書き始めの部分を指し示したりすることで，筆順や字形に気を付けて名前を書くことができるようにする。 ・ A には，やり取りを十分しながら気持ちを盛り上げていくことで，自分の名前をなぞることができるようにする。
9:50	2　「あいうえおのうた」を歌う。	・平仮名カードを見ながら，みんなで一緒に歌ったり，体を動かしたりすることで，楽しく五十音や歌のリズムに親しむことができるようにする。
9:55	3　「でんしゃにのって」の活動をする。 でんしゃに　のる　どうぶつを　えらんで，なきごえや　せりふを　かんがえよう。 (1)絵本「でんしゃにのって」を教師と一緒に読む。	・書かれている文字を指し示したり，「せーの」と掛け声を掛けたりすることで，みんなでタイミングを合わせて，絵本を読んでいくことができるようにする。 ・「ガタゴトー」「つぎは…」などの言葉のリズムを楽しみながら読み進めることで，言葉の響きや面白さに親しむことができるようにする。

	(2)電車に乗る動物の順番を決める。 (3)役割を分担する。 (4)劇遊びをする。 　・動物や駅名等を操作する。 　・台詞を言う。	・前時に出てきた動物を身振りや鳴き声で確認することで，どんな動物を乗せていくかを考え，みんなで話し合いながら決めていくことができるようにする。 ・Ａには，動物のイラストを見せながら，始めの一文字を伝えたり，鳴き声を聞かせたりすることで，動物の名前を言うことができるようにする。

⇒動物のイラストを見て，動物の名前を言うことができたか。　　　　　　　　　　　〈観察〉（A）

・劇遊びをする際に，動物のイラストを動かしながら，場面ごとの様子を確認することで，動物の鳴き声や台詞を考えることができるようにする。
・Ｂには，吹き出し台詞カードを提示したり，「どんな鳴き声ですか」と言葉掛けをしたりすることで，物語に出てくる台詞や鳴き声を言葉で考え，伝えることができるようにする。

⇒物語に出てくる簡単な台詞や鳴き声を言うことができたか。　　　　　　　　　　〈観察〉（B）

・Ｃには，複数の吹き出し台詞カードを用意し，掲示しておくことで，物語の流れに合わせてどの台詞がよいのかを考えながら台詞を言うことができるようにする。

⇒物語の流れに合わせて，台詞を言うことができたか。　　　　　　　　　　　　　〈観察〉（C）

10:20	4　本時のまとめをする。 (1)本時の振り返りをする。 (2)終わりの挨拶をする。	・本時の学習を振り返り，がんばったことやよくできたことを一人一人称賛することで，次時の学習への意欲につながるようにする。

（益子　由香，大村　弘美）

聞くこと・話すこと	書くこと	読むこと

中学部　国語科　学習指導案

ゆきの世界~考えや思いを自分なりの言葉で伝えよう~

▶日時：○月○日　9時40分~10時30分　　▶場所：中学部2年教室

❶ 単元

ゆきの世界~考えや思いを自分なりの言葉で伝えよう~

❷ 単元について

生徒の学習の実態

　本グループは2年生男子1名，3年生男子1名で構成されている。興味・関心のある課題に対しては，集中して取り組むことができる。1名は，目のかゆみなどにより，学習に集中できず，教室から出て行く場面が見られるが，学習に取り組みたいという気持ちをもち，切り替えることができると教室に戻ることができる。

生徒の国語の実態

　国語に関する実態としては，1名は平仮名と片仮名を読むことができ，1名は清音の平仮名を読むことができる。絵本に関しては，1名は一つの場面の言葉や挿し絵を自分のペースで見ることで教材に向き合うことができ，1名は教師とやり取りしながら言葉の読みや意味を理解することができる。また，1名は単語を使って意思を伝えることができ，1名は体験したことについて単語や2語文で感想を伝えることができる。

単元を通して育てたい資質・能力，見方・考え方

　そこで本単元では，『ゆきのひ』（加古里子，福音館書店）を取り上げ，美しくも厳しい雪国の自然，そこに生きる人々のあたたかい交流が描かれた場面の挿し絵を見たり，お話を読んだりしながら，情景や場面の様子，人物の心情などについて考えたことや思ったことなどを自分なりに単語や2語文で伝えようとする力を育成する。

資質・能力，見方・考え方を育てるためのアクティブ・ラーニング

　そのために，生徒それぞれの方法で絵本の場面に向き合うことができるよう，絵本の他，拡大印刷物，具体物などを教材として用意した。教材をじっくり見たり，言葉を読んだりしながら対話することで，自分なりの考え，思いが生まれるようにしたい。あわせて，雪国の生活や言葉にも触れることで，言葉の響きやよさにも触れるようにしたい。また，他の人の見方や考え方を知る場面を設けることで，自分の見方・考え方との一致や差異へ気付くことができるようにしたい。

■ 目指す深い学び（社会や世界とどう関わるかの視座，広がり）

　このような学習を通して，自分なりの考えや思いを言葉で伝える経験を積み重ね，伝える意欲を高めながら，言葉による様々な表現に気付き，言葉を使うことのよさを感じられるようにしたい。

❸ 生徒の実態

氏名	国語に関する実態	学習態度・行動特徴など	学びの段階
H	平仮名と片仮名を読むことができる。簡単な質問に単語で答えることができる。単語を使って意思を伝えることができる。	体調により，学習に集中できず，教室から出て行くことがあるが，学習に取り組みたい気持ちをもち，切り替えができると，教室に戻ることができる。	（特）中1段階 （ただし，小2段階・C・エから実態・課題を抽出） （小）読む力共有 （1・2学年）
P	清音の平仮名を読むことができる。体験したことについて，単語や2語文で感想を伝えることができる。	気になることがあったり，課題につまずいたりすると，机に伏せることがあるが，教師とやり取りをすることで気持ちを整えて学習に取り組むことができる。	（特）中1段階 （ただし，小2段階・C・エから実態・課題を抽出） （小）読む力共有 （1・2学年）

❹ 目標

○遊びややり取りを通して，言葉による表現に親しむことができる。

（知・技…（特）小2・イ・（イ））

○絵本などを見て，好きな場面を伝えたり，言葉などを模倣したりすることができる。

（思・判・表…（特）小2・C・エ）

○自分なりに考えや思いを言葉で表現してみようとする。　　（学・人…（特）小2・ウ）

❺ 単元の評価規準

○遊びややり取りを通して，言葉による表現に親しむことができたか。　　　　（知・技）

○絵本などを見て，好きな場面を伝えたり，言葉などを模倣したりすることができたか。

（思・判・表）

○自分なりに考えや思いを言葉で表現してみようとしたか。　　　　　　　　　（学・人）

❻ 指導計画（15時間扱い：1単位50分）

第1次　言葉遊びをしよう（つながる言葉）……………………………… 3時間

第2次　想像しよう（様子，心情を表す言葉）……………………………… 3時間

❼ 本時の指導

目標

○教師とやり取りをしながら，様子や心情などについて考えや思いを伝えることができる。

(H)

○情景や場面について思いを伝えることができる。 (P)

○言葉で考えたり伝えたりしようとする。 (学・人)

準備・資料

学習内容表，ワークシート（名前記入用），絵本，絵本のコピー，拡大印刷物，具体物

展開

⇒育成したい資質・能力

時刻	学習内容・活動	支援上の留意点
9:40	1　本時の学習内容を知る。 (1)始めの挨拶をする。 (2)前時までの振り返りをする。 (3)本時の学習内容を確認する。	・生徒の発言や活動を肯定的に捉えたり，見守ったりすることで，安心して考えたり伝えたりすることができるようにする。 ・学習内容表を掲示することで，活動への見通しをもつことができるようにする。
9:42	2　日付，曜日，天気を確認する。	・生徒の答えを復唱しながらゆっくり板書することで，書いた文字と読み方を視覚と聴覚で確認できるようにする。
9:45	3　名前を書く。	・いつもと同じ活動をすることで，見通しをもち，落ち着いて学習に臨むことができるようにする。
9:50	4　言葉遊びをする。	・言葉遊びでは，言葉の意味を確認しながら進めることで，関連する言葉をイメージすることができるようにする。 ・自由な発想を肯定的に受け止めて返しながら進めることで，楽しい雰囲気を醸成し，「伝えよう」とする意欲を高める。 ・言葉が出てこない場合，イメージしやすいように，絵を描いて見せたり，動きをして見せたりすることで言葉と結びつけられるようにする。

10:05	5 「ゆきの世界」	・絵本，拡大印刷物，具体物を教材として用意しておくことで，生徒それぞれが見たいものを選択し，絵本の場面の言葉や挿し絵に着目できるようにする。
	┌─────────────────┐ 「ゆきのひ」 何がある？ 何をしている？ 考えたことや思ったことを伝えよう。 └─────────────────┘	・これまで学習してきた絵本の世界を教材化して，教室に作り出すことで，場面ごとの雰囲気を十分感じられるようにする。
		┌─────────────────────────┐ ⇒情景や場面について思いを伝えることができたか。 〈観察〉（P） └─────────────────────────┘
	(1)本時の場面を読む。 (2)「ゆきのひ」の世界を見る。 (3)見たい知りたい場面に触れる。	・教材を見たり触ったりして集中する様子も，対話と捉え，取り組みを見守る。教師が頃合いを見計らい，共感的に代弁して言葉と一致させることで，自分の考えや思いに気付き，捉えることができるようにする。
		┌─────────────────────────┐ ⇒教師とやり取りしながら，様子や心情などについて考えや思いを伝えることができたか。 〈観察〉（H） └─────────────────────────┘
		・雪国の生活や言葉にも触れることで，言葉の響きやよさにも触れるようにする。
10:25	6 本時のまとめをする。 (1)考えたことや思ったことを発表する。 (2)終わりの挨拶をする。	・絵の情景や人物の表情などにも着目する言葉掛けをすることで，情景や心情を読み取ることができるようにする。 ・他の生徒の取り組みを伝えることで，自分の見方・考え方との一致や差異へ気付くことができるようにする。

（平野　志穂）

聞くこと・話すこと	書くこと	読むこと

高等部　国語科　学習指導案

プロジェクト！茨城県の魅力度を上げるには？〜考えを整理して伝えよう〜

▶日時：○月○日　10時40分〜11時30分　　▶場所：高等部2年教室

❶ 単元

プロジェクト！茨城県の魅力度を上げるには？〜考えを整理して伝えよう〜

❷ 単元について

生徒の学習の実態

　本グループは2年生女子3名，3年生男子2名で構成されている。5名とも，集中力が途切れてしまうと私語が増えたり，その日の気分によって学習に気持ちが向けられなかったりする場面も見られるが，興味がもてる内容を設定したり，授業に集中できるような言葉掛けをすることで，意欲的に学習に取り組むことができる。

生徒の国語の実態

　国語の実態として，5名とも簡単な文や文章を書いたり読んだりすることができる。「楽しかった」「面白かった」等の感想を伝えることはできるが，どうしてそう思ったのかという具体的な理由を考えたり，テーマに対して自分なりの考えをもち，相手に伝えたりすることはまだ難しい。

単元を通して育てたい資質・能力，見方・考え方

　そこで本単元では，教師が提示したテーマについて自分なりに考えをまとめ，友達とやり取りをしながらそれぞれの考えを整理していくことで，情報を整理する力を培いたい。また，話し合い活動を通して，自分の考えと友達の考えを比較することで，自分なりのものの見方や考え方を育てたい。

資質・能力，見方・考え方を育てるためのアクティブ・ラーニング

　そのために，自分がテーマから考えたことを付箋に一つ一つ書き出していくことで，どんな考えを自分がもっているのかを視覚的に分かるようにした。また，話し合う場を設定し，友達とやり取りをしながら自分の考えや友達の考えを整理し，見出しを付けることでそれぞれの考えを整理していくとともに，自分の考えを伝えたり友達の考えを知ったりすることで，テーマに対して色々な考え方があることに気付くことができるようにした。

目指す深い学び（社会や世界とどう関わるかの視座，広がり）

　このような学習を通して，情報や自分の考えを言語で整理したり，やり取りの中から友達の考えに触れ，自分の考えと比較したりすることで，色々なものの見方や考え方があることに気付い

て伝えようとしたり，物事を多面的に捉えたりすることができるようになってほしいと考える。

❸ 生徒の実態

氏名	国語に関する実態	学習態度・行動特徴など	学びの段階
G	教師とやり取りをすることで考えをまとめることができる。それぞれの考えのキーワードに注目し，端的な言葉で表現することはまだ難しい。	気分によって，学習に気持ちが向けられないことがあるが，教師とのやり取りのある学習には意欲的に取り組むことができる。	（特）高1段階A・ア
L	自分なりに考えたことを，自信をもって伝えることができる。それぞれの考えに注目し，端的な言葉で表現することはまだ難しい。	早口で発音が不明瞭なときがあり，聞き取りにくいことがあるが，学習意欲が高く，落ち着いて学習に取り組むことができる。	（特）高1段階A・エ
M	教師とやり取りをしながら自分の考えをまとめることができる。テーマに対して自分の考えをもち，相手に伝えることはまだ難しい。	積極的に発表することは少ないが，発表したい気持ちがある。学習意欲が高く，落ち着いて学習に取り組むことができる。	（特）高1段階A・オ
O	自分なりに考えたことを伝えることができる。自分の考えと友達の考えを比較し，似たような考えであることを理解することが難しい。	友達とやり取りすることは難しいが，分からないことは自分から教師に質問することができる。	（特）高1段階A・ア
S	自分なりに考えたことを伝えることができる。語彙が少なく，それぞれの考えのキーワードに注目し，考えを整理することはまだ難しい。	集中力が途切れると，私語が増えてしまうことがあるが，興味関心のもてる学習には，集中して取り組むことができる。	（特）高1段階A・ア

❹ 目標

○話し合いの中で出てきた情報を整理することができる。　　（知・技…（特）高2・イ（イ））
○自分の考えを相手に伝え，他者の考えと自分の考えを比較することができる。

（思・判・表…（特）高2・A・ウ）

○様々な考えに触れることで，自分なりのものの見方や考え方を深め，伝え合おうとする。

（学・人…（特）高1・ウ）

❺ 単元の評価規準

○話し合いの中で出てきた情報を整理することができたか。　　　　　　　　　　（知・技）

○自分の考えを相手に伝え，他者の考えと自分の考えを比較することができたか。

（思・判・表）

○様々な考えに触れることで，自分なりのものの見方や考え方を深め，伝え合おうとしたか。

（学・人）

❻ 指導計画（20時間扱い：1単位50分）

第1次　好きな○○を紹介しよう……………………………………………　4時間
第2次　学校の魅力度を上げよう……………………………………………　6時間
第3次　茨城県の魅力ってなんだろう？…………………………………… 10時間（本時は第5時）

❼ 本時の指導

目標

○自分の考えと友達の考えを比較し，同じ考えごとにまとめることができる。　　（O，S）
○整理された考えに見出しを付けるなどして考えをまとめることができる。　　（L，G）
○整理された考えに注目し，自分で意見を出しながら考えを広げたりまとめたりすることができる。

（M）

○やり取りを通して，友達の考えを知ろうとする。　　（学・人）

準備・資料

　国語ファイル，ワークシート，筆記用具，付箋，水性ペン，国語辞典，タブレット端末，ヘルプカード，掲示用クリアファイル

展開

⇒育成したい資質・能力

時刻	学習内容・活動	支援上の留意点
10:40	1　本時の学習内容について知る。 (1)始めの挨拶をする。 (2)日付と曜日を確認する。 (3)目標を確認する。 茨城県の魅力について整理しよう。 (4)教師の話を聞く。	・日直が挨拶をすることで，授業の始まりを意識することができるようにする。 ・教師とやり取りをしながら日付や曜日の確認をすることで，質問に対して正確に答えたり，言葉づかいを意識したりしながら答えることができるようにする。 ・前回の学習で作成したワークシートを提示することで，見出しのイメージをもつことができるようにする。
10:45	2　魅力検討委員会を行う。 (1)自分が考える魅力を伝え合う。 (2)茨城県の魅力について考える。 　・人口　　・交通　　・山	・向かい合って話し合いができる場を設定することで，やり取りをしながらそれぞれの考えを書いた付箋をワークシートに整理することができるようにする。 ・話し合いが進まないときには，考えるヒントとなる

国語

高等部

	・食べ物　　・観光　　・オセロ ・水戸黄門　　・県庁　　・海 ・ゆるキャラ　　・ガルパン	キーワードを教師が言葉掛けすることで，自分たちで考えようとする意欲を高めることができるようにする。 ・\[O\],\[S\]には，付箋に書かれたキーワードに注目するよう言葉掛けをすることで，同じ考えを集めてワークシートに整理することができるようにする。

⇒自分の考えと友達の考えを比較し，同じ考えごとにまとめることができたか。
　　　　　　　　　　　〈観察・ワークシート〉（O，S）

・\[L\],\[G\]には，友達と一緒に付箋に書かれたキーワードを読み上げながら共通項を考え，整理した考えに見出しを付けることで，考えをまとめることができるようにする。

⇒整理された考えに見出しを付けるなどして，考えをまとめることができたか。
　　　　　　　　　〈観察・発表・ワークシート〉（L，G）

・話し合いが進まないときにはヘルプカードを提示し，友達とやり取りをしながら解決方法を選択できるようにすることで，話し合いを円滑に進めることができるようにする。
・\[M\]には，友達や教師とやり取りをしながら，それぞれの意見を関連付けたり，整理したりすることで，自分で意見を出しながら，茨城県の魅力について考えを広げたり，まとめたりすることができるようにする。

⇒整理された考えに注目し，自分で意見を出しながら考えを広げたりまとめたりすることができたか。
　　　　　　　　　　　　　　　　〈観察・発表〉（M）

| 11:25 | 3　本時のまとめをする。
(1)本時の学習を振り返る。
(2)次時の学習内容を確認する。
(3)終わりの挨拶をする。 | ・付箋をまとめ，見出しを書いたワークシートを黒板に掲示しながら，本時で学習したことを振り返ることで，自分と似たような考えがあったり，違った考えがあったりすることに気付くことができるようにする。
・日直が挨拶をすることで，授業の終わりを意識することができるようにする。 |

（鳩山　裕子，菅原　透）

第3章　「国語」「算数・数学」の学習指導案づくり　　53

| 数量の基礎 | 数と計算 | 測定 | 図形 | データの活用 |

小学部　算数科　学習指導案

もぐもぐたいやきやさん～数とものの関係を知ろう～

▶日時：○月○日　9時30分～10時15分　　▶場所：小学部1年教室

❶ 単元

もぐもぐたいやきやさん～数とものの関係を知ろう～

❷ 単元について

児童の学習の実態

　本グループは，1年生男子2名，女子1名の計3名で構成されている。友達や周りの様子が気になると，気持ちがそれたり，活動が進まなかったりすることがあるが，興味・関心のある活動や友達や教師と楽しくやり取りする活動には積極的に参加することができる。

児童の算数の実態

　算数の実態としては，1名は発音が不明瞭で数詞の順番が曖昧であるが，教師や友達を模倣して数唱しようとする。また，教師と一緒に具体物を操作することで1対1対応ができる。1名は，一人で数唱することは難しいが，教師や友達の声に合わせて5までの数唱ができる。また，不確かではあるが，3までの数え取りができる。1名は，50までの数唱，10までの数え取り，半具体物を操作して7までの数の合成ができる。

単元を通して育てたい資質・能力，見方・考え方

　そこで本単元では，身の回りのものの数に関心をもって関わる気持ちを育成し，具体物の量を数で表すことができることを体験的に気付くことができるようにしたい。また，対応させてものを配ったり，指示された分だけ具体物を取ったりする活動を通して，数のまとまりや数とものとの関係に関心をもち，ものを数える素地を養いたい。

資質・能力，見方・考え方を育てるためのアクティブ・ラーニング

　そのために，児童がたい焼き屋になって，たい焼きを作って届けるという文脈の中で，楽しく10までの数を学習できるようにした。たい焼きを作ったり，数えたりする操作的活動を取り入れ，教師や友達とやり取りをして楽しみながら数に触れる中で，数字の形の特徴，数とものの関係に気付くようにすることで，数の感覚を養うことができるのではないかと考える。

目指す深い学び（社会や世界とどう関わるかの視座，広がり）

　このような活動を通して，数への関心や好奇心を高めることで，数のまとまりや数え方に気付き，数を使うよさを感じ，他の学習や日常生活の中で生かしていけるのではないかと考える。

❸ 児童の実態

氏名	算数に関する実態	学習態度・行動特徴など	学びの段階
A	発音は不明瞭だが，教師や友達を模倣して数唱しようとする。具体物を操作して1対1対応ができる。	気持ちが向かなかったり，自分の思いが通らなかったりすると，離席や活動が進まなくなることがあるが，興味のある活動であれば積極的に取り組むことができる。	（特）小1段階・B・ア
B	発音は不明瞭だが，教師や友達の声に合わせて5までの数唱ができる。不確かだが，3までの数え取りができる。	友達の様子が気になり，活動から気持ちがそれることがあるが，教師から励ましの言葉掛けを受けたり，やり取りをしたりすることで，学習に向かうことができる。	（特）小1段階・B・ア
C	50までの数唱や数字を読むことができる。10までの数え取り，半具体物を操作して7までの数の合成ができる。	様々な活動に興味・関心をもって取り組むことができる。学習内容を具体的に示し，見通しがもてるようにすることで，落ち着いて学習に取り組むことができる。	（特）小2段階・A・ア

❹ 目標

○数に注目して数えたり，具体物を取ったりすることができる。

（知・技…（特）小1・B・ア）

○数とものを対応させたり，数を用いて表現したりすることができる。

（思・判・表…（特）小1・B・イ）

○数に気付き，興味・関心をもって取り組もうとする。 （学・人…（特）小1・B・ウ）

❺ 単元の評価規準

○数に注目して数えたり，具体物を取ったりすることができたか。 （知・技）

○数とものを対応させたり，数を用いて表現したりすることができたか。 （思・判・表）

○数に気付き，興味・関心をもって取り組もうとしたか。 （学・人）

❻ 指導計画（20時間扱い：1単位45分）

第1次　かぞえてみよう……………………………………………………… 2時間

第2次　もぐもぐたいやきやさん…………………………………………… 15時間（本時は第8時）

第3次　まとめをしよう……………………………………………………… 3時間

❼ 本時の指導

目標

○３までの数で，数と具体物を対応させることができる。 (A)

○５までの数を数えたり，具体物を取ったりすることができる。 (B)

○10までの数え取りや数の分解ができる。 (C)

○数に気付き，興味・関心をもって取り組もうとする。 (学・人)

準備・資料

名前プリント，名前ボード，サインペン，数字の歌カード，紙芝居，たい焼きの半具体物，箱，注文カード

展開

⇒育成したい資質・能力

時刻	学習内容・活動	支援上の留意点
9:30	1　本時の学習内容を知る。 (1)始めの挨拶をする。 (2)名前の確認をする。	・平仮名の書き始めの部分を指さしして示したり，「ゆっくり曲がるよ」や「横に長く書くよ」などの言葉掛けをすることで，筆順に気を付けたり，線をよく見てなぞったりすることができるようにする。
9:40	2　「すうじのうた」を歌う。	・歌を歌いながら数字に触れることで，数字に親しみをもち，形の特徴や読み方を確認できるようにする。
9:45	3　たい焼きを作って届ける。 くまのたいやきやさんに，王さまがやってきました。王さまはたいやきがお気に入り。王さまがともだちをつれてきて，ちゅう文がたくさん入りました。 みんなでたいやきをつくるのを手つだってあげましょう。 (1)紙芝居を見る。 (2)頼まれた数のたい焼きを作る。 (3)たい焼きの数を数える。 (4)たい焼きを届ける。 (5)プレゼントをもらう。 (6)プレゼントを見る。	・紙芝居を見ることで，学習への期待感を高め，「やってみたい」気持ちを引き出すようにする。 ・Ａには，３マス枠の箱を用意し，数字とたい焼きが描かれた注文カードをマスに合わせることで，対応させながらたい焼きを入れることができるようにする。 ・Ｂには，５マス枠の箱を用意し，注文カードには，数字とたい焼きのイラストを付けることで，数える際の手掛かりとなるようにする。教師と一緒に指さしをして数を確認した後に，「あまり」や「少ない」に気付いたときには，それを認めながら全体に伝えることで気付きが広げられるようにする。 ・Ｃには，間仕切りのない箱と数字のみの注文カードを用意する。たい焼きを王様と友達で分けるストーリーを用いることで，分けることに着目して，数の分解ができるようにする。

	(7)みんなのプレゼントを見る。	・活動の中で，「すうじのうた」を歌いながら数を確認することで，数字の形に着目しながら読み方を確認できるようにする。 ・作ったたい焼きの数をみんなで数えることで，正しい数を確認し合ったり気付いたりできるようにする。 ・児童が数えたり伝えたりしようとしていることを，教師が代弁したり共感したりすることで，いろいろな言葉で表現できるようにする。その中でやり取りをしながら数に気付くことができるようにする。

⇒3までの数で，数と具体物を対応させることができたか。　　　　　　　　　　　　　　　　〈観察〉（A）

⇒5までの数を数えたり，具体物を取ったりすることができたか。　　　　　　　　　　　　〈観察〉（B）

⇒10までの数え取りや数の分解ができたか。
　　　　　　　　　　　　　　　　　　〈観察〉（C）

10:10	4　本時のまとめをする。 (1)本時の学習を振り返る。 (2)終わりの挨拶をする。	・一人一人の学習を振り返り，がんばったことを称賛したり，「できた」気持ちを共有し認め合ったりすることで，次時の学習への意欲につながるようにする。

（大村　弘美，長瀬　敦）

算数・数学

小学部

数量の基礎	数と計算	測定	図形	データの活用

中学部　数学科　学習指導案

お弁当屋さんで働こう〜数を構成的に捉えよう〜

▶日時：○月○日　9時30分〜10時20分　　▶場所：中学部1年教室

❶ 単元

お弁当屋さんで働こう〜数を構成的に捉えよう〜

❷ 単元について

生徒の学習の実態

　本グループは1年生男子1名，2年生男子2名で構成されている。3名とも基本的な学習態度は身に付いている。学習から気持ちがそれてしまうこともあるが，学習活動に見通しや興味をもつことができると，意欲的に取り組むことができる。

生徒の数学の実態

　数学の実態として，1名は，二桁の数唱ができ，目の前にあるものを一つずつ数えていくことで20までの集合数が分かる。1名は，数の系列が分かり，数の大小を比べることができる。1名は，目の前にあるものを一つ一つ指さしして数えることで，5までの数を数えたり，集合数を答えたりすることができる。

単元を通して育てたい資質・能力，見方・考え方

　そこで本単元では，合わせて10になる数の合成・分解を学習することを通して，数を構成的に捉え，数についての感覚を豊かにしたい。

資質・能力，見方・考え方を育てるためのアクティブ・ラーニング

　そのために，弁当屋として客に頼まれた数の弁当を用意するという文脈の中で，お客さんから注文された弁当の数10にするために，元々ショーケースにある弁当の数にあといくつ自分たちが弁当を用意すればいいのかを考える場面を設定した。また，ショーケースにある弁当の数を正確に数えるには，どうやって数えたらいいかを考える活動を取り入れるようにした。その際，操作的な活動を取り入れることで，一つ一つ数えながら補数分当てはめていったり，数をまとまりとしてどのように組み合わせたら10になるかを考えたりできるようにした。さらに，10になるための枠は，はめ込み型にすることでぴったり10になるという感覚も身に付けられるようにした。

目指す深い学び（社会や世界とどう関わるかの視座，広がり）

　このような学習を通して，数を構成的に捉え，日常生活の中でも今後の社会生活の中でも数を活用できるようになり，より生活の質が高められるようにしたい。

❸ 生徒の実態

氏名	数学に関する実態	学習態度・行動特徴など	学びの段階
D	2ケタの数の数唱ができる。一つ一つ数えることで20までの集合数が分かる。	自信や見通しのある学習活動には，安心して取り組むことができる。	(特) 中1段階 (ただし，小2段階・A・アから実態・課題を抽出)
J	数の系列が分かり，数の大小を比べることができる。半具体物を操作することで，10までの数の構成が分かりつつある。	気持ちによって学習意欲が左右されることがあるが，興味や自信のある学習活動には意欲的に取り組むことができる。	(特) 中1段階 (ただし，小2段階・A・アから実態・課題を抽出)
L	目の前のものを指さしして5までの数を数えることができる。5までの集合数を答えることができる。	自信がない活動には，励ましを受けることで，自分から取り組むことができる。	(特) 中1段階 (ただし，小1段階・B・アから実態・課題を抽出)

❹ 目標

○半具体物を操作して数を構成的に見ることができる。　　　　　　　（知・技…（特）小2・A・ア）

○数をまとまりとして捉えることに気付き，数字で表すことができる。

　　　　　　　　　　　　　　　　　　　　　　　　　　　　　　　（思・判・表…（特）小2・A・イ）

○数の構成に気付き，学習や生活の中で生かそうとする。　　　　　（学・人…（特）小3・A・ウ）

❺ 単元の評価規準

○半具体物を操作して数を構成的に見ることができたか。　　　　　　　　　　　　　　　　（知・技）

○数をまとまりにして捉えることに気付き，数字で表すことができたか。　　　　　　　　（思・判・表）

○数の構成に気付き，学習や生活の中で生かそうとしたか。　　　　　　　　　　　　　　　（学・人）

❻ 指導計画（20時間扱い：1単位50分）

第1次　寿司ください……………………………………………………… 5時間

第2次　お弁当屋さんで働こう…………………………………………… 13時間（本時は第5時）

第3次　まとめをしよう…………………………………………………… 2時間

❼ 本時の指導

目標

○数字等を見て，合わせて10になる数の合成ができる。　　　　　　　　　　　　　　　　　（D，J）

○半具体物を操作することで10までの数を数えたり，5になる数の合成をしたりすることができる。 (L)

○数を使うよさに気付き，学習や生活の中で生かそうとする。 (学・人)

準備・資料

　ワークシート，弁当・おにぎりカード（ブロック・バラ），台紙，ホワイトボード，数字カード，赤・青ブロックカード，注文シート等

展開   ⇒育成したい資質・能力

時刻	学習内容・活動	支援上の留意点
9:30	1　本時の学習内容を知る。 (1)始めの挨拶をする。 (2)日付・曜日・名前を書く。 (3)本時の学習内容と目標を知る。 　　お客さんの注文を聞いてお弁当を用意しよう。	・姿勢を正して挨拶することで，学習の始まりを意識できるようにする。 ・前時の学習を振り返り，自分ができたことやがんばったことを思い出すように促すことで，本時の学習にも前時の内容を生かすことができるようにする。 ・ワークシートを使い，日付や自分の目標を教師と一緒に確認することで，本時の見通しをもつことができるようにする。
9:40	2　弁当屋で働く。 (1)客から注文を受ける。 　①ショーケースにあるおにぎりと弁当の数を確認する。 　②たりない分のおにぎりと弁当を用意する。 　③飲み物・デザートを用意する。 　④客に売る。	・客を生徒たちの身近で興味関心のある人物等にすることで，楽しんで活動できるようにする。 ・「できているおにぎり」をショーケースに見立てた1×10マス枠に当てはめていくことで，正確に数えられるようにする。 ・10のまとまりになったときにぴったり当てはまるようなショーケースにしておくことで，カードを操作して10になるための補数を確認できるようにする。 ・Ｌ には指さし，斜線を引く，数字シール等のやり方を見せて自分でやり方を選ぶことで，数え方を考えたり選んだりして正確に数える方法に気付くことができるようにする。 ⇒自分なりの方法で半具体物を操作して10までの数を数えることができたか。　〈観察〉(L) ・ぴったりになる枠が10の数であることを伝え，一緒に確認することで，ぴったり当てはまったものが合

わせて10にするのに必要な数であることが分かるようにする。

・$\boxed{\text{D}}$，$\boxed{\text{J}}$が用意しなければならない数が分からないときには，ブロックカードを提示することで，ブロックカードを操作しながら必要な数を確認することができるようにする。

・ブロックのまとまりを組み合わせた後に，それぞれ数字で表すことで，ブロックを見て言葉でも「○と●で10」と伝え合い，数を構成的に捉えることができるようにする。

・注文シートでブロックカード操作することで，○と●で10になったことを自分で確認できるようにする。

⇒数字が書いてあるブロックを操作し，量感をイメージして，合わせて10にすることができたか。

〈観察〉（D，J）

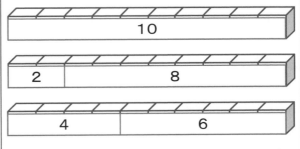

10:15	3　本時のまとめをする。	・できたことを称賛しながら振り返りをして，自分でも自己評価することで，達成感を高めるとともに次時への意欲にもつながるようにする。
	(1)本時の振り返りをする。	
	(2)次時の学習内容を知る。	
	(3)終わりの挨拶をする。	

（冨安智映子）

数量の基礎	数と計算	測定	図形	データの活用

高等部 数学科 学習指導案

FUTOKU製作所〜工夫して，正確・効率的に数えよう〜

▶日時：○月○日　10時30分〜11時20分　　▶場所：音楽室

❶ 単元

FUTOKU製作所〜工夫して，正確・効率的に数えよう〜

❷ 単元について

▌生徒の学習の実態

　本グループは1年生男子1名，2年生男子1名で構成されている。1名は具体的な言葉掛けによる支援で，学習内容が明確になると自ら学習に取り組むことができる。1名は，学習の途中で気持ちがそれてしまうこともあるが，教師とやり取りをし，気持ちに寄り添う支援をすることで，気持ちを切り替えて学習に取り組むことができる。

▌生徒の数学の実態

　数量の実態として，1名は10のまとまりで数を数えることができ，100までの数を10の位がいくつと1の位がいくつという見方で捉えることができる。また，繰り上がりのない簡単な加法の筆算をすることができる。1名は，手に取った具体物を一つずつ数えることができ，大きい数を教師と一緒に10ずつまとめて数えることができる。2名ともに，10のまとまりをつくるために効率よく数えるには2とびで数え，かつ，記録していくという方法を学習しているところである。

▌単元を通して育てたい資質・能力，見方・考え方

　そこで本単元では，1本ずつ数えたり，まとめて数えたりすることができる鉛筆を操作する学習を通して，2とびや10のまとまりを使って効率よく数える学習場面を設定した。また，記録しながら数えるといった方法を学習することで，自分なりの数学的な見方や捉え方の気付きにつながるのではないかと考えた。

▌資質・能力，見方・考え方を育てるためのアクティブ・ラーニング

　そのために，「FUTOKU製作所」という場を設定し，「挑戦してみよう」という思いが芽生えるよう，これまで体験してきた「産業現場等実習」の経験を生かした内容を取り扱うようにした。さらに，効率よく数えるにはどうしたらよいかを試行錯誤したり，改善しようとしたりする経験をすることは，実生活に応用できる学びにつながるのではないかと考えた。

■ 目指す深い学び（社会や世界とどう関わるかの視座，広がり）

　このような学習を通して，数をまとまりで数え，管理するという複合的な能力を日常生活の中で使おうとする意欲を高め，さらに，正確性と効率性という相反する要素を求める「仕事」場面を経験することは，将来の社会生活の広がりにつながっていくのではないかと考える。

❸ 生徒の実態

氏名	数学に関する実態	学習態度・行動特徴など	学びの段階
D	100までの数を10の位がいくつと1の位がいくつという見方で捉えることができる。数が減っていくという量感をもつことが難しい。	教師からの言葉掛けにより，進んで学習に取り組むことができる。	（特）高1段階（1）
N	具体物を一つずつ数えることができる。教師と一緒に10ずつまとめて数え，100まで数えることができる。	学習の途中で気持ちがそれることがあるが，教師の言葉掛けや場面の転換をすることで，再度学習に取り組むことができる。	（特）高1段階（1）

❹ 目標

○二つの数量を合わせた数や二つの数量の差を求めることができる。

（知・技…（特）高1A・ア）

○数のまとまりを用いて，具体物を効率的に数えるよう判断することができる。

（思・判・表…（特）高1A・イ）

○自分からまとまりを用いて，効率よく数えようとする。　　（学・人…（特）高1A・ウ）

❺ 単元の評価基準

○二つの数量を合わせた数や二つの数量の差を求めることができたか。　　　　　　（知・技）

○数のまとまりを用いて，具体物を効率的に数えるよう判断することができたか。

（思・判・表）

○自分からまとまりを用いて，効率よく数えようとしたか。　　　　　　　　　　　（学・人）

❻ 指導計画（26時間扱い：1単位50分）

第1次　いろいろな単位……………………………………………………… 8時間

第2次　FUTOKU製作所……………………………………………………… 18時間（本時は第10時）

❼ 本時の指導

■目標

○２位数同士の減法ができる。 (D)

○10のまとまりをつくり，記録して数えることができる。 (N)

○まとまりを用いて，効率よく数えようとする。 (学・人)

■準備・資料

ワークシート，鉛筆，出荷用袋，エプロン，社員証，発注書，計算補助シート，記録シート，伝票

■展開 ⇒育成したい資質・能力

時刻	学習内容・活動	支援上の留意点
10:30	1　本時の学習内容を知る。 (1)身支度を整える。 (2)朝礼をする。 (3)部門ミーティングをする。 　①前回の作業量を確認する。 　②今日の作業量を決める。	・本時の作業内容（学習内容）を提示することで，見通しをもって学習に取り組むことができるようにする。 ・前回の作業量を確認し，本時の作業量を決めることで，作業スピードを上げるためにどうしたらよいかを考えるきっかけをもつことができるようにする。
10:40	2　本日の仕事を開始する。 (1)工程Ⅰ 　・鉛筆を10ずつ数え，出荷袋に入れ，記録表に正の字で記録する。 (2)工程Ⅱ 　・加法で出荷する本数（総数）を求める。(D) 　・10のまとまりと端数を合わせ，出荷する本数（総数）を求める。(N) (3)工程Ⅲ 　・鉛筆を箱詰めする。 (4)工程Ⅳ 　・減法で在庫数を求める。(D) 　・在庫数を数える。(N) (5)工程Ⅴ 　・伝票に記入する。	・鉛筆を数えるときには，速く数える数え方のポイントを確認することで，効率よく数えることができるようにする。 ・10のまとまりを正の字で記録することで，正確に数を数えることができるようにする。 ・具体物を用いることで，視覚的に数の量感を捉えられるようにする。 ・数えた鉛筆を出荷袋に入れることで，10のまとまりを意識できるようにする。 ・D，Nが「正」の字の書き方に戸惑っているときには，一緒に書き順を確認することで，正しく書くことができるようにする。 ・Nが10のまとまりで数えられないときには，起点となる数を伝え，一緒に数えることで，10のまとまりで数えることができるようにする。 ⇒10のまとまりをつくり，記録して数えることができたか。　　　　　　　〈観察〉(N)

		・Ｄが繰り下がりの計算が難しいときには，１の位から一緒に数が減ることを確認していくことで，筆算ができるようにする。
		・Ｄが筆算をする際には，繰り下がりの概念が分かるように計算補助シートを用いることで，筆算ができるようにする。
		⇒繰り下がりのない２位数同士の減法を，位を合わせた補助シートを活用してできたか。 〈観察〉（Ｄ）
11:15	3　本時のまとめをする。 (1)終礼をする。 　①片付けをする。 　②出荷数や在庫数を報告する。 　③自分の仕事を振り返る。 (2)終わりの挨拶をする。	・Ｄが計算問題でつまずいたときには，半具体物を操作して数が減っていく量感を確かめることで，減法の概念を捉えられるようにする。 ・本時の作業内容と前回の作業内容を比較することで，まとまりを用いて数える有用性に気付くことができるようにする。 ・できたことや作業内容を称賛して評価することで，次時の学習への自信につながるようにする。

（菅原　透）

第4章

「国語」「算数・数学」の
教材開発

教材開発と授業づくりのポイント

1 深い学びにつなげる教材とは？

　新学習指導要領では，アクティブ・ラーニングは「主体的，対話的で深い学び」とされており，「主体的，対話的」と「深い学び」は，「手段」と「目的」の関係にあると考えられます。つまり，子どもの「主体的」な学びと「対話的」な学びを実践することで，学びが「深く」なるように授業を展開していくことが求められます。そこでは，手段と目的をつなげる「教材」を開発することが重要になります。

⑴主体的な学びを引き出す教材

　最初に，主体的な学びを引き出す教材について考えていきましょう。教材を選定する際に，どのような子どもでも自分から手に取り「やりたい」と感じるものであることが大切です。その上で，それぞれの子どもが「自分なりの感じ方」や「実感」をもてることが必要です。つまり，「私は〇〇と思う」「僕は△△と感じた」などの「その人なりの考え方をもてる」ように，子どもの多様な感じ方や考えを引き出す「豊かさ」のある教材を選定しましょう。

⑵対話的な学びを生み出す教材

　次に，対話を生み出す教材について考えていきます。対話が生まれる状況・場面には，たいていの場合，「違い」が存在します。子どもたちが，自分の感じ方や考え方をもとに自分とは違う友達の考え方に触れることで，新しいことに気付くきっかけとなります。こうした，子どもの感じ方や考え方の「違い」を生み出すような，「解釈の幅」が多様に存在する教材を選定することが対話を引き出す授業づくりのポイントです。

⑶深い学びにつながる「余白のある教材」

　以上のように，「豊かさ」と「解釈の幅」のある教材が深い学びにつながると考えます。こうした特徴をもつ教材のことを，私たちは「余白のある教材」※と表現しています。

　すなわち，子どもの学びを深めるためには，一つの正解に効率よく，直線的に辿り着くための教材ではなく，子どもが「私はこう思う」「いや，私はこう思う」といったように，言わば回り道をしながら，わいわい活動できるような幅や奥行きといったものが教材にないといけないと考えています。こうした「余白」を意識して教材を選定していくことが重要です。

2 「余白のある教材」の見つけ方

　それでは，「余白のある教材」を見つけるにはどうしたらよいでしょう。私たちは授業づくりをしていく際に，次のような点を大切にしています。

(1)子どもの興味・関心と生活年齢を考える

　特別支援教育では，子どもの実態把握が大切だと言われていますが，これは単に心理検査等でアセスメントするということだけでなく，学校生活や家庭生活においてどのようなことに興味があるのかという点も含まれます。教材を選定する際には，生活年齢を考慮することも大切です。小学部の段階であれば，ファンタジーの世界の中で学習することで，意欲を高めることが期待できます。一方，高等部段階に進むにつれて，卒業後の生活を想定した教材なども多く取り上げるべきでしょう。

　そのため，休日はどのように過ごしているのか等についても，保護者から情報を収集し，子どもの好きなキャラクターや玩具，好きな食べ物などの学校生活だけでは見えない部分を知ることも大切です。こうした実態把握を通して，子どもが自分から触れてみたい，見てみたいと思えるものを教材として選定します。

(2)授業のストーリーを考える

　授業をつくるにあたり，子どもの課題を明確にし，課題を解決するためにどのようなストーリーの中に子どもたちを引き込んでいくのかを考えるとよいと思います。つまり，子どもたちが自分から興味をもって取り組める教材という視点だけでなく，それを深い学びと結びつけていくことができる展開が可能な教材であるかどうかを考えることが重要です。

　そうした教材を見つけるためには，もちろん，まずは日々，子ども自身が楽しい・面白いと感じるものから，「これ使えそう！」という視点で教材を選定するのでよいですが，いったん教材を選定したら，その教材の「奥深さ」を同僚と話し合い，深い学びへと結びつく展開（ストーリー）を考えてみましょう。

※「余白のある教材」は，2019年茨城大学教育学部附属特別支援学校公開研究会で研究報告をした際に提案したものです。

（菊池　雅子）

聞くこと・話すこと	書くこと	読むこと

小学部　国語科　学習指導略案と教材

学級しんぶんをつくろう ～つたえたいことを，文で書いてみよう～

❶ 単元を通して育てたい資質・能力，見方・考え方

　本単元では，文字で伝えることの大切さを感じ，言葉でのやり取りの楽しさに気付くことで，意欲をもってものの名前を書いたり，文を書いたりすることにつなげたいと考えた。国語科で学んだことを生活に活用していくためにも，段階的に文を長くし，状況を詳しく伝えることを意識しながら文にすることができるようにしたい。そして，これからの生活においても，児童自らが国語的な見方・考え方を働かせ，言語感覚を磨く素地を養いたい。

❷ 資質・能力，見方・考え方を育てるためのアクティブ・ラーニング

　そのために，「学級しんぶんをつくろう」としてこれまで経験した行事や活動を文にし，新聞作りを通じて自分たちの経験から感じたことを周囲に広める場面を設定した。写真や記憶をもとに，思いや考えを「誰が」，「どこで」，「何をした」という文を作る活動を通じ，自分の経験を言葉で整理することで，具体的に物事を伝えることができるようにしたい。また，マス目方眼紙に書いた原稿を模造紙に貼ることで，読む側にも分かりやすくなるようにした。ただ作るだけでなく，興味をひいて読んでもらえるように，見る側にも留意しながら作ることができるようにした。

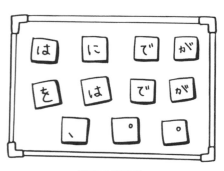

助詞の選択肢

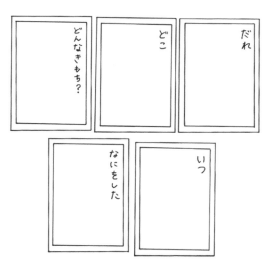

５W１Hなどを記入するボード

※レイアウトを考えながら，
　自分が考えた記事を学級新
　聞に貼る

学級新聞づくり

❸ 目指す深い学び（社会や世界とどう関わるかの視座，広がり）

　このような学習を通して，文字を書いたり，読んだり，文にすることで，言葉を使うよさを感じることができ，主体性をもって生活の中でも役立てていこうとする意識は，より楽しく生きていく力に変えていけるのではないかと考える。

❹ 目標

○身近で日常生活に必要な言葉を使い，相手に正しく伝えることができる。

（知・技…（特）小2・ア（ウ））

○経験したことを思い出し，文字や文で書き表すことができる。

（思・判・表…（特）小2・B（ア））

○文字を使うよさを感じ，進んで使おうとする。　　（学・人…（特）小1・ウ）

❺ 単元の評価規準

○身近な言葉を使い，相手に正しく伝えることができたか。　　　　　　　　（知・技）

○経験した場面を思い出し，文字や文で書き表すことができたか。　　　　（思・判・表）

○文字を使うよさを感じ，進んで使おうとしたか。　　　　　　　　　　　　（学・人）

❻ 指導計画（35時間扱い：1単位45分）

第1次　しんぶん記者になろう……………………………………………… 12時間

第2次　名たんていヒロシ………………………………………………… 10時間

❼ 本時の展開　　　　　　　　　　　　　　　　　　⇒育成したい資質・能力

時刻	学習内容・活動	支援上の留意点
10:40	1　本時の学習内容を知る。 (1)始めの挨拶をする。 (2)前時の振り返りをする。 (3)名前を書く。 (4)本時の学習内容を確認する。	・姿勢を正して挨拶をすることで，学習の始まりを意識することができるようにする。 ・前時を振り返り，学習内容を確認することで，意欲を高めることができるようにする。 ・本時の流れを確認することで，見通しをもって学習に取り組むことができるようにする。
10:45	2　「学級しんぶんをつくろう」をする。 ┌──────────────┐ みんなにつたえたいことを言ばにして学級しんぶんをつくろう。 └──────────────┘ (1)伝えたい相手を確認する。 (2)書く内容を決める。 (3)写真を選ぶ。 (4)レイアウトを決める。 (5)文を考える。 (6)記事を書く。 (7)模造紙に貼る。	・本物の新聞や学級通信を確認することで，新聞作りのイメージをもつことができるようにする。 ・伝えたい相手を確認することで目的意識をもち，活動への意欲を高めることができるようにする。 ・写真を提示し，そのときの状況や気持ちを補助シートに書くことで，伝えたい内容を文にすることができるようにする。 ・ N には，写真を提示することで，思い出に残っていることや書きたい内容を選ぶことができるようにする。 ・ O には，「誰が」，「どこで」，「何をした」と順番にカードで確認することで文字を繋げ，写真の状況を文で書くことができるようにする。 ┌──────────────────┐ →写真を見て，状況を文で書くことができたか。 　　　　　　　　　　〈観察，発問〉(O) └──────────────────┘ ・ O が文を書くときには，マス目方眼紙を用意することで，文字のバランスを意識することができるようにする。 ・ N が文字を書くときには，タブレットを使い， O と一緒に考えた文をタブレットに入力することで，平仮名をなぞり書きすることができるようにする。

72

時刻	学習活動	指導上の留意点
		→平仮名をなぞり書きし，記事を書くことができたか。　　　　　　　　　　〈観察〉（N） ・紙に書いた文字を模造紙に貼ることで，全体の構成を確かめ，見る側が見やすくなるようにする。
11:20	3　本時のまとめをする。 (1)本時の振り返りをする。 (2)次時の学習内容を知る。 (3)終わりの挨拶をする。	・本時を振り返り，がんばったことを称賛することで，達成感を味わうことができるようにする。 ・終わりの挨拶をすることで，学習の終わりを意識することができるようにする。

❽ 教材

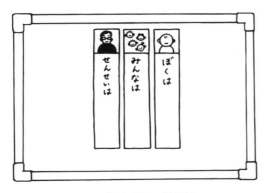

Who（だれが）の選択肢

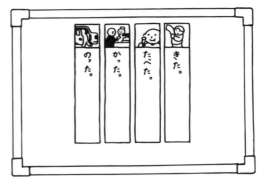

「何をした」の選択肢

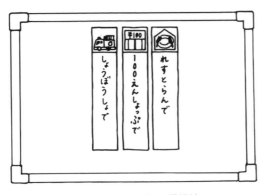

Where（どこで）の選択肢

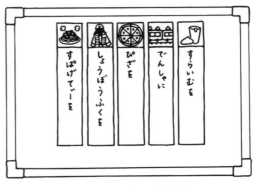

What（何を）の選択肢

（髙草木　博）

聞くこと・話すこと	書くこと	読むこと

小学部　国語科　学習指導略案と教材

おはなしのくに〜登場人物の気持ちを考えよう〜

❶ 単元を通して育てたい資質・能力，見方・考え方

　本単元では，絵本を読んで，場面の状況だけでなく，登場人物の気持ちや行動の理由などについても想像していくことができるような力を育てたい。また，登場人物の心情を表す語句について詳しく取り上げていくことで，自分や友達の気持ちについても言葉を使って深く考えられるようにする。そして，そのような見方・考え方を日常生活等でも生かそうとする態度を培いたい。

❷ 資質・能力，見方・考え方を育てるためのアクティブ・ラーニング

　そのために，絵本を読みながら，物語の主な場面について内容や場面を実際に再現する体験をしていくことで，登場人物と自分の経験を結びつけて考えられるような学習活動を設定した。第1次では，比較的内容がシンプルで登場人物の気持ちが分かりやすい『そらまめくんのベッド』（なかやみわ，福音館書店）を読み，自分の宝物を「貸して」と言われたそらまめくんの気持ちや，断られた友達の気持ちを実際に演じながら考えていく。第2次では，登場人物の気持ちを察して読む必要のある『はじめてのおつかい』（筒井頼子，福音館書店）を読む。始めに一人で校内のおつかいに行くという体験をして，やり取りをしながら主人公の心細さや勇気などの気持ちについて深めていきたい。その上で，オノマトペなどで表されている主人公の心情を，お互いに演じ合いながら丁寧に読み取っていきたい。

そらまめくんのベッドをイメージ

授業の風景

❸ 目指す深い学び（社会や世界とどう関わるかの視座，広がり）

　このような学習を通して，友達や教師とのやり取りが増えていくにつれて，自分の気持ちを表す適切な言葉が見当たらず，「えーと」と口ごもる場面が見られるようになってきた。物語の中から様々な心情やそれを表す言葉を見つけ出し，日常生活の中で，自分の思いをもっと多くの言葉で表すことができるようになることで，児童が自分自身の世界を広げていくための力としていきたい。

❹ 目標

○平仮名で書かれた単語や文章を読むことができる。　　　　　（知・技…（特）小2・ア（イ））
○絵本の登場人物と自分の経験を結びつけ，気持ちを考えながら読むことができる。

（思・判・表…（特）小3・C・エ）

○自分の思いや考えを，相手に伝えようとする。　　　　　　　（学・人…（特）小3・ウ）

❺ 評価規準

○平仮名で書かれた単語や文章を読むことができたか。　　　　　　　　　　　　（知・技）
○絵本の登場人物と自分の経験を結びつけ，気持ちを考えながら読むことができたか。

（思・判・表）

○自分の思いや考えを，相手に伝えようとしたか。　　　　　　　　　　　　　　（学・人）

❻ 指導計画（12時間扱い：1単位45分）

第1次　そらまめくんになってみよう！……………………………… 5時間
第2次　みいちゃんは，なんでないたの？……………………………… 6時間（本時は第5時）
第3次　まとめをしよう……………………………………………………… 1時間

時刻	学習内容・活動	支援上の留意点
10:40	1　本時の学習内容を知る。 (1)始めの挨拶をする。 (2)名前を書く。 (3)前時までの内容を振り返る。 (4)本時の学習内容を知る。 みいちゃんは，どうしてなみだをながしたのだろう。	・授業の始めに書くときや読むときの姿勢について確認することで，正しい姿勢について知ることができるようにする。 ・前時までの学習を振り返ることで，物語の内容を思い出すことができるようにする。 ・本時の学習内容を発問形式で提示することで，「何でだろう」「知りたい」という思いで学習に取り組むことができるようにする。
10:45	2　みいちゃんからの手紙を読む。 わたしがどんなきもちだったかわかるかな？ヒントにおはなしにでてくるだいじなことばをこっそりおしえるよ。 (1)ヒントの単語を正確に読む。 　　L …しんこきゅう 　　M …くるま，こえ (2)気持ちを表す言葉について考える。 　・どきどきする　　・ほっとする	・登場人物からのヒントとして重要語句を提示することで，語句の読み方や意味について意欲的に学ぶことができるようにする。 ・ L には，「きゃ」「きゅ」「きょ」など，教師と一緒に拗音を続けて読んでいくことで，言葉の響きを確かめることができるようにする。 ・ M には，始めに平仮名を一文字ずつ提示して読み方を確認していくことで，単語を続けて読むことができるようにする。 ・「どきどきするのはどんなとき？」など，自分の体験と結びつけられるような発問をすることで，児童がそれぞれの考えを話したり聞いたりしながら語句の意味を確認できるようにする。
10:55	3　みいちゃんの気持ちを考える。 (1)絵本を音読する。 (2)みいちゃんと同じ状況で台詞を言ってみる。 　　①車の音が邪魔をする。 　　②他のお客さんに割り込まれる。 　　③やっと言葉が伝わる。 (3)みいちゃんがどんな気持ちだったか考える。	・絵本を読みながら，2で学習した語句を見つけるようにすることで，語句の読み方や意味について再度確認できるようにする。 ・ L には，実際に車の音を流したり，教師が他のお客さん役となって割り込んだりすることで，言葉が上手く伝えられないもどかしさを感じることができるようにする。 ・ M には，文章中の声の大きさを表す語句を教師と一緒に確認することで，主人公の声の大きさの違いに気を付けて読むことができるようにする。

	(4)みいちゃんの気持ちになって，もう一度音読する。	・M には，「ほっとして」という言葉と，涙の流れる様子を教師や友達と一緒に確認することで，主人公の気持ちについて考えることができるようにする。
		⇒主人公が涙を流した理由について，自分の言葉で答えることができたか。　　　　　〈観察〉（M）
		・L には，車の音や他のお客さんに邪魔をされてどんな気持ちだったのか，教師とやり取りしてから再度音読することで，主人公の気持ちを考えて読むことができるようにする。
		⇒主人公の気持ちを考えて，音読することができたか。　　　　　　　　　　　〈観察〉（L）
11:15	4　本時のまとめをする。 (1)ワークシートで本時の振り返りをする。 (2)次時の学習内容を知る。 (3)終わりの挨拶をする。	・本時のまとめと自己評価ができるワークシートを準備することで，本時の学習を視覚的に振り返ることができるようにする。 ・できたことを称賛しながら次時の活動内容を伝えることで，自信をもって次時の学習に取り組めるようにする。

（橘　乃布衣）

聞くこと・話すこと	書くこと	読むこと

中学部　国語科　学習指導略案と教材

北風小僧の寒太郎 〜様子を思い浮かべよう〜

❶ 単元を通して育てたい資質・能力，見方・考え方

　本単元では，歌詞を作り出す言葉や文に着目し，場面の様子を思い浮かべることにつなげていきたいと考えた。歌詞の裏側にある世界を自分なりにイメージしようとする意欲を育てたい。

❷ 資質・能力，見方・考え方を育てるためのアクティブ・ラーニング

　そのために，童謡「北風小僧の寒太郎」（井出隆夫作詞，福田和禾子作曲）の歌詞を取り上げることにした。学習に取り組む時期と季節が合うこと，歌詞を作り上げる言葉のリズム，オノマトペ，面白い言語表現と，着目点が多いことが理由である。各自が着目したところを皆で共有しながら，イメージを膨らませていきたい。また，寒太郎を追いかけて一番から三番までの場面にいくという設定で，興味をもって活動に取り組むことができるようにしたい。

❸ 目指す深い学び（社会や世界とどう関わるかの視座，広がり）

　このような学習を通して，歌詞を作り出す言葉に着目し，そこから自分なりのイメージを膨らませていくことで，歌の歌詞や日常で目にする様々な言葉，文に対する見方が深まり，より豊かな言葉との関わり方ができるようになるのではないかと考える。

教師が北風小僧のマントをつけて実演する

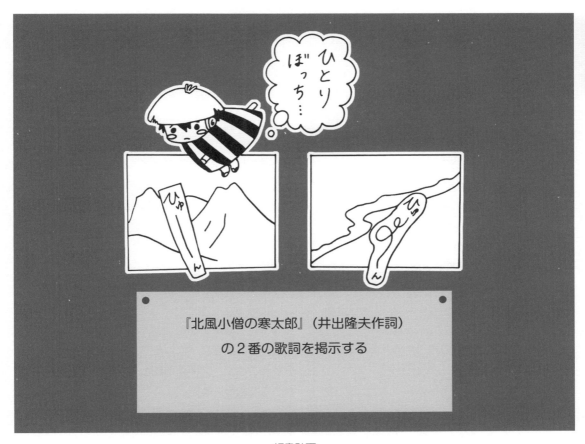

板書計画

❹ 目標

○歌詞を読んだり聞いたりして，言葉の響きやリズムに親しむことができる。

（知・技…（特）小2・イ（ア））

○言葉が表すものや事柄の意味を思い浮かべたり，自分なりに考えたりすることができる。

（思・判・表…（特）小2・C・ア）

○言葉から様々なことを感じ，自分なりに表現してみようとする。

（学・人…（特）小2・ウ）

❺ 単元の評価規準

○歌詞を読んだり聞いたりして，言葉の響きやリズムに親しむことができたか。　　　（知・技）

○言葉が表すものや事柄の意味を思い浮かべたり，自分なりに考えたりすることができたか。

（思・判・表）

○言葉から様々なことを感じ，自分なりに表現してみようとしたか。　　　　　　　　（学・人）

❻ 指導計画（15時間扱い：1単位50分）

第1次　どんな言葉が出てくるかな……………………………………… 5時間
第2次　寒太郎をおいかけろ！……………………………………… 10時間（本時は第8時）

❼ 本時の展開　　　　　　　　　　　　　　　　　　　⇒育成したい資質・能力

時刻	学習内容・活動	支援上の留意点
10:40	1　本時の学習内容を知る。 (1)始めの挨拶をする。 (2)本時の学習内容を知る。 寒太郎がやってきた。どこへ行くのだろう。何をするのだろう。寒太郎をおいかけよう！	・姿勢を正して挨拶することで，授業の始まりを意識することができるようにする。 ・寒太郎のペープサートを提示しながら話すことで，本時の学習への意欲を高めることができるようにする。
10:45	2　歌詞に出てくる言葉を文字で表す。	・出てくる言葉を文字にしたり，絵と文字を合わせたりすることで，文字を意識して学習に取り組むことができるようにする。
10:55	3　寒太郎を追いかける。 (1)一番の場面に行く。 　・言葉のリズム 　・まちの様子 　・風の音 　・セリフ (2)二番の場面に行く。 　・言葉のリズム 　・場所 　・寒太郎の気持ち 　・風の音 　・セリフ (3)三番の場面に行く。 　・言葉のリズム	・各自が手にしたもの，目線の先にあるもの，発言，呟き等を拾い上げ，他の生徒に伝えることで，様々な着目点で歌詞の言葉を捉えることができるようにする。 ・北風が吹く寒い日に一緒に撮影した写真を用意しておくことで，言葉と過去の経験とを結びつけ，イメージの想起につながるようにする。 ・A は，言葉を読んだり，読んだ言葉について教師とやり取りしたりすることで，場面の様子について考えることができるようにする。 ⇒言葉から場面の様子を考えることができる。 　　　〈教師とのやり取り〉（A） ・O には言葉のリズムや響きを意識して伝え，言葉のもつ雰囲気を感じ取ることができるようにする。

	・電信柱と風のやり取り ・セリフ	⇒言葉から感じ取ったことを，動作で表すことができる。　　　　　　　　　　　〈観察〉（O）
		・D が着目した点について，D から言葉を引き出すような発問をしたり，出てきた言葉をつなぎ合わせて返したりすることで，感じ取ったことを言葉で表すことができるようにする。
		⇒言葉から感じ取ったことを，自分なりの言葉で伝えることができる。　〈教師とのやり取り〉（D）
11:20	4　「北風小僧の寒太郎」の歌を聴く。	・学習した各場面を見ながら聴くことで，自分なりにイメージをもって聴くことができるようにする。
11:25	5　本時のまとめをする。 (1)本時の学習を振り返る。 (2)終わりの挨拶をする。	・本時の学習で各自が言葉から感じ取ったことを振り返ることで，達成感を感じることができるようにする。

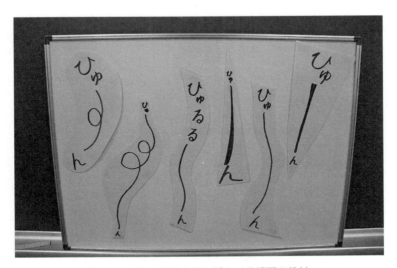

「ひゅーん」の様子を思い浮かべる場面の教材

（小林亜紀子）

聞くこと・話すこと	書くこと	読むこと

高等部　国語科　学習指導略案と教材

落語の世界～伝え合い，表現しよう～

❶ 単元を通して育てたい資質・能力，見方・考え方

　本単元では，生活年齢を踏まえた題材であり，また会話文を中心に話が展開され，内容が分かりやすく構成されている落語を取り入れることにした。そして，落語から伝統的な日本文化に触れ，言葉のリズムや響きに親しみながら言葉がもつよさや言語感覚を培いたい。

❷ 資質・能力，見方・考え方を育てるためのアクティブ・ラーニング

　そのために，落語家の高座の動画やアニメーション動画教材を用いてイメージを共有し，話の大筋が分かるようにした。また，落語の大筋を生かしながら，文章量を短くした教材を作成した。リズムよく作ることができるように生徒たちが考えた文章を短冊カードに書いて並び替えるようにした。その際，連想した単語をもとに言葉をつないでいきながら，生徒同士で協力して話を作り上げていけるようにした。

❸ 目指す深い学び（社会や世界とどう関わるかの視座，広がり）

　このような学習を通して，言葉がもつよさを感じ，思考力や想像力など自分の考えを広げ，日常生活や社会生活に生かしてほしいと考える。

❹ 目標

○言葉の響きやリズムに親しむことができる。　　　　　　　　　（知・技…（特）小2・イ（ア））

○友達と話し合いながら，声の大きさや強弱，身振りなどを工夫して表現したりすることができる。　　　　　　　　　　　　　　　　　　　　　　　　　　　　（思・判・表…（特）小2・Cエ）

○言葉のもつよさに気付き，自分の思いや考えを相手に伝えようとする。

　　　　　　　　　　　　　　　　　　　　　　　　　　　　　　　　（学・人…（特）小2・ウ）

❺ 評価規準

○言葉の響きやリズムに親しむことができたか。　　　　　　　　　　　　　　　　　　　（知・技）

○友達と話し合いながら，声の大きさや強弱，身振りなどを工夫して表現したりすることができたか。　　　　　　　　　　　　　　　　　　　　　　　　　　　　　　　　　　　（思・判・表）

○言葉のもつよさに気付き，自分の思いや考えを相手に伝えようとしたか。　　　　　　　（学・人）

❻ 指導計画（16時間扱い：1単位50分）

第1次　落語について知ろう………………………………………………… 5時間

第2次　オリジナルの落語を作ろう……………………………………… 10時間（本時は第5時）

第3次　落語の発表会をしよう………………………………………………… 1時間

❼ 本時の展開　　　　　　　　　　　　　　　　　　　　　⇒育成したい資質・能力

時間	学習内容・活動	支援上の留意点
9:40	1　本時の学習を知る。 (1)始めの挨拶をする。 (2)落語の特徴を確認する。	・挨拶する人を募ることで，生徒同士で役割を決めて挨拶ができるようにする。 ・答えることが難しい場合には，考える観点や使う道具を提示したりすることで，落語の特徴に気付いて発表できるようにする。 ・指さしや言葉掛け，姿勢を整えたりすることで，写真に注目できるようにする。
9:50	2　寄席の準備をする。 (1)「じゅげむ」を読む。 (2)原稿を作る。 　①テーマを確認する。 　②テーマに合った言葉を短冊に書く。	・興味をもつテーマを設定することで，生徒たちの学習意欲を高めることができるようにする。 ・ N には，テーマに関する好きな動物や食べ物などの絵カードを複数提示することで，選ぶことができるようにする。 ・ H , J には，色や形などの事物の特徴を連想できるような言葉掛けをすることで，特徴に気付いてテーマに合った連想した言葉を短冊カードに書くことができるようにする。

	③友達が発表した言葉を文章にする。	・友達が発表した単語を使って文章を作ることで，連想による気付きや事物の捉え方を広げることができるようにする。
	(3)作った文章に，扇子や手ぬぐいを使って動きを付ける。 (4)全員で作った「じゅげむ」を読む。	・扇子を使って音を表現する手本を示したり，友達の発表を聞いたりすることで，相手に伝わりやすい表現の仕方に気付くことができるようにする。
		⇒教師と一緒に身振りや手振りで表現することができたか。　　　　　　　　　　〈観察〉（N）
		⇒テーマから連想し，好きなものを発表したり，短冊カードに書いたりすることができたか。 　　　　　　　　　　　　　　〈観察〉（H，J）
10:15	3　寄席をひらく。	・衣装や小道具を提示して環境を整えることで，落語へのイメージを高めることができるようにする。 ・C，Kには，落語の一場面の写真を提示し，身振りや動作を確認することで，場面に合った身振りや動作をできるようにする。
		⇒身振りや動作をしながら表現することができたか。　　　　　　　　　　〈観察〉（C，K）
10:25	4　本時のまとめをする。 (1)本時の振り返りをする。 (2)終わりの挨拶をする。	・よかった点を称賛することで，次時の学習への意欲を高めることができる。

（渡邉　崇，中村　玲子）

Q1 「深い学び」に結びつく学習単元はどうしたらつくれますか？

A1

国語・算数の学習指導案づくりでは，「深い学び」に結びつく授業をどのように立案していくかが難しいところです。これには，「学習の実態」「教科（国語，算数・数学）の実態」「単元を通して育てたい資質・能力，見方・考え方」「資質・能力，見方・考え方を育てるためのアクティブ・ラーニング」「目指す深い学び（社会や世界とどう関わるかの視座，広がり）」の項目を整理して学習指導案を考えることが重要です。具体的には以下の通りです

①「学習の実態」→いろいろな視点から多角的に子どもの学習の実態を把握し，記述する。

②「教科（国語，算数・数学）の実態」→その教科の理解度を把握し，記述する。

③「単元を通して育てたい資質・能力，見方・考え方」→実態と学習指導要領の目標（国語の見方・考え方）を関連させる。

④「資質・能力，見方・考え方を育てるためのアクティブ・ラーニング」→みんなで，楽しく活動しながら授業の目標が達成できるような単元（学習内容・活動）を考える。

こうした学習計画の中で子どもが理解していること，できることばかりでなく，各教科の知識や技能を活用すること（思考力，判断力，表現力等）を通して深い理解へと結びつけていきます。これは，個別の知識の定着を図るとともに，社会における様々な場面で活用できるようにするということでもあり，授業の中でそうした視点から評価も行います。

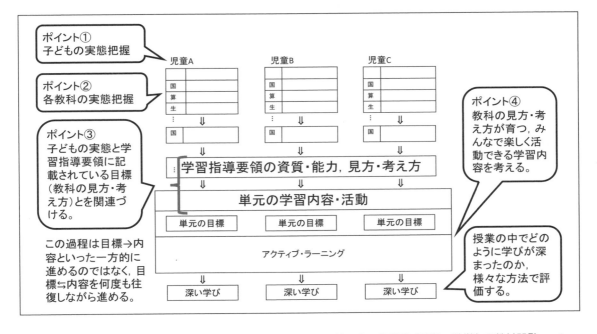

数量の基礎	数と計算	測定	図形	データの活用

小学部　算数科　学習指導略案と教材

ふゆのうんどうかい～見て・比べて・予想して，数字で確認しよう～

❶ 単元を通して育てたい資質・能力，見方・考え方

　本単元では，数えたり，比べたりする中でものの数の違いを感じたり，表現したり，伝えたりしながら，数やものの数の多少に着目し，量感を育て，さらなる理解を深める。このような活動を通して，自分なりに予想したり，自分の考えを相手に伝えたりすることができるようになると考える。

❷ 資質・能力，見方・考え方を育てるためのアクティブ・ラーニング

　そのために，「ふゆのうんどうかい」という文脈の中で，楽しみながら数に触れ，量感を感じることができるようにした。体験的，操作的な活動を多く取り入れることで，自分から取り組み，自分なりの考えを相手に伝えやすい状況となるようにした。また，多様な数え方や比べる方法に「気付く」支援や気付きにつながる発問をすることで，児童が自分なりの気付きを試行錯誤できるようにするとともに友達の気付きに注目し，やり取りできるようにした。その中で表現した気付きを教師が算数の見方・考え方とつなぐやり取りをすることで学びにつながるようにした。

❸ 目指す深い学び（社会や世界とどう関わるかの視座，広がり）

　このような学習を通して，数の量感やイメージが高まることで，自分なりの自信をもつことができ，日常生活で生かしてみようとする気持ちが育成されるのではないかと考える。生活の中で試行錯誤をし，経験を積み重ねることで，本単元で学んだことを実感し，生かしてみようとするとともに，次の学びに向かう力につながるのではないかと考える。

❹ 目標

○数字を読んだり，多い順・少ない順で並べたりすることができる。

（知・技…（特）小２・Ａ・ア）

○ものの数に着目して，数え方を考えたり，比べたり，伝えたりすることができる。

（思・判・表…（特）小２・Ａ・イ）

○数や数量に興味をもち，自分から数えたり比べたりしようとする。

（学・人…（特）小２・Ａ・ウ）

多い順に並べて比べる

❺ 単元の評価規準

○数字を読んだり，多い順・少ない順で並べたりすることができたか。　　　　（知・技）

○ものの数に着目して，数え方を考えたり，比べたり，伝えたりすることができたか。

（思・判・表）

○数や数量に興味をもち，自分から数えたり比べたりしようとしたか。　　　　（学・人）

❻ 指導計画（20時間扱い：1単位45分）

第1次　かぞえよう・くらべよう……………………………………………… 5時間

第2次　ふゆのうんどうかい〜数の多少〜……………………………… 15時間（本時は第10時）

❼ 本時の展開　　　　　　　　　　　　　　　　　　　⇒育成したい資質・能力

時刻	学習内容・活動	支援上の留意点
10:30	1　ボールを分類し，数えたり，順序数に合わせて並べたりする。	・教室の入り口に意図的にボールをバラバラに配置することで，同じものをまとめる視点を働かせながら集めることができるようにする。 ・透明の筒を使うことで，ものの数の多少を視覚的に比べたり，数えたりすることができるようにする。 ・少ない順から並べると，階段のようになるというイメージにつながるような言葉掛けをすることで，数の量感につながるようにする。 ・試行錯誤のできる教材を使用することで，「入らない」「たりない」という感覚的な気付きを促し，自分から取り組んだり，友達や教師に状況を伝えたりすることができるようにする。

		⇒10までの数を数えることができる。 〈発問・観察〉（J）
10:45	2　日付の確認をする。	・日付の確認をすることで，数字の読み方や数字の組み合わせによって読み方が変わることに気付くことができるようにする。
10:48	3　「すうじのうた」を歌う。	・「すうじのうた」を歌うときには，指で数字を書くことで数字の形に着目したり，手遊びをすることで数字のイメージに着目したりできるようにする。
11:50	4　「ふゆのうんどうかい」をする。 今日は冬だけど「うんどうかい」。しっかりと体を動かして，玉入れ，箱積み…どっちが勝つのか？　いざ勝負！ (1)開会式をする。 　①挨拶をする。 　②準備運動をする。 (2)玉入れをする。 (3)箱積み競争をする。	・準備運動は「10カウント」を用いることで，10までの数唱が自然とできるようにするとともに，順序数に着目できるようにする。 ・そのときの状況に応じて，教師役・児童役等の役割をもてるようにすることで，自分から数えたり，号令を言ったりすることができるようにする。 ・児童が「多い・少ない」を表す言葉を別の表現をしたときには，教師が認めつつ同義語の言葉でつなぐようにすることで，表現の幅を広げられるようにする。 ・音楽や場の設定をすることで，自分から取り組むことができるようにするとともに，自分の気付きを友達や教師に伝えることができるようにする。 ・玉の数を比べるときには，①籠の中の量感から予想する，②個数を数える，③多少を考える等，段階を追って比べるようにすることで，予想したり，伝えたり，「○○だから△△」等の自分の考えを発表できるようにする。 ・箱積み競争では，①積み上げた高さをヒントに予想する，②何個積んだか数える，③どっちが多いか・少ないか考える等，段階的な指導支援をすることで，自信をもって自分の考えを相手に伝えることができるようにする。
		⇒二つの数の多少を答えることができる。 〈発問〉（I）
11:13	(4)閉会式をする。 　①振り返りをする。 　②挨拶をする。	・楽しかったことやがんばったことを振り返ることで，本時の達成感を高めるとともに次時への意欲につなげる。

（滑川　昭）

Q2 発達差が大きいグループで 教科指導をするにはどうしたらよいですか？

A2

　教科とは，大人が子どもに伝えたい文化（国語で言えば言葉など）を，発達の系統性に即して配列したものです。そのため，教科は基本的に同程度の発達の状態の子どもたちで学ぶほうが指導しやすいという側面があります。例えば，小学校や中学校の教科学習が同じ学年の子どもたちで学んでいるのは，その子どもたちが同じくらいの発達であることを前提にしているからであって，そうした前提の中で教科書などが作られているからです。

　しかし，特別支援学校や特別支援学級では，必ずしもそうではありません。それは，同じ学年の子どもの人数が少なく，同じ発達の子どもでグループをつくることが難しかったり，発達段階が同じくらいのグループの中に相性が悪い子どもがいて，やむを得ず異なる段階のグループで学ぶことがあるなど，理由は様々に考えられます。

　こうした発達差の大きいグループを形成した場合には，一人の教員が複数の子どもに異なる課題を用意し，個別的に指導する方法もあります（図1）。ただし，これでは，対話的に学ぶことが難しくなり，アクティブ・ラーニングを展開しにくくなります。そこで，発達差があってもみんなで楽しく学べる教材を用意し，わいわいと学習しながら，個々の指導課題と向き合えるように授業を展開していくことが必要になります（図2）。アクティブ・ラーニングの授業づくりでは，こうした教材を開発することも教師の力量の一つとなります。

（詳しくは，湯浅恭正ほか編『特別支援教育の授業づくりキーワード』明治図書　を参照）

図1　異なる課題を指導する教科学習

図2　共通の教材で学ぶ教科学習

数量の基礎	数と計算	測定	図形	データの活用

高等部　数学科　学習指導略案と教材

荷物を届けよう ～正確に測ろう～

❶ 単元を通して育てたい資質・能力，見方・考え方

　本単元では，ものの重さや長さに注目し，予想と実測の値との比較を繰り返す中で，量感を身に付けてほしいと考える。その際，計器の特徴に注目し，測定対象に適した計器を選択することや，目盛りを正しく読んで測定する力を育てたい。また，予測と実測の差を計算によって求めることで，差を求める際の考え方にも気付けるようにすることで，日常生活でも生かせる力を養いたい。

❷ 資質・能力，見方・考え方を育てるためのアクティブ・ラーニング

　そのために，宅配便屋に荷物を出しに行くという場面を設定し，生徒が店員と客の両方の立場を経験するようにし，重さや長さについて生活に即した内容で，楽しみながら学習に取り組むことができるようにした。自分で詰めた荷物の重さや箱の３辺の長さの合計を予想したものを，店員役の友達に渡し，測定してもらうようにすることで，友達と関わり合いながら学べるようにする。また，実際に測定した重さや長さの値から，料金表をもとにかかる値段を調べる中で，より安く荷物を送るための方法にも目を向けさせたい。

❸ 目指す深い学び（社会や世界とどう関わるかの視座，広がり）

　このような学習を通して，様々な場面で重さや長さについて生活の場の中で意識できる場面が増え，正確に測定することの大切さや必要性に気付くことができるのではないかと考える。また，日常生活で見聞きする重さや長さの単位について，理解が深まるのではないかと考える。

❹ 目標

○上皿秤やメジャーを使って箱の重さと辺の長さを正確に測定することができる。

（知・技…（特）中１・C・ア）

○測定対象に適切な計器を選ぶとともに，量の単位を用いて的確に表現することができる。

（思・判・表…（特）中１・C・イ）

○身の回りにあるものの重さや長さに関心をもち，量と測定を生活に生かそうとする。

（学・人…（特）中１・C・ウ）

箱に整理して入れる

メジャーで測る

はかりで重さを量る

❺ 単元の評価規準

○上皿秤やメジャーを使って箱の重さと辺の長さを正確に測定することができたか。（知・技）

○測定対象に適切な計器を選ぶとともに，量の単位を用いて的確に表現することができたか。

（思・判・表）

○身の回りにあるものの重さや長さに関心をもち，量と測定を生活に生かそうとしたか。

（学・人）

❻ 指導計画（15時間扱い：1単位50分）

第1次　はかってみよう　くらべてみよう……………………………… 6時間
第2次　荷物を届けよう…………………………………………………… 9時間（本時は第4時）

❼ 本時の展開

⇒育成したい資質・能力

時間	学習内容・活動	支援上の留意点
9：30	1　本時の学習内容を知る。 ⑴始めの挨拶をする。 ⑵本時の学習内容を知る。 ⑶目標の確認をする。	・宅配便のロゴマークに，生徒からリクエストのあったデザインを用いることで，楽しい雰囲気で学習が始められるようにする。 ・目標を個別に確認することで，本時の目標を意識できるようにする。 ・荷物の送り先や設定を伝えることで，意欲的に学習に取り組めるようにする。
9：35	2　荷物を詰める。 ⑴箱を選ぶ。 ⑵荷物を詰める。 ⑶予想をワークシートに記入する。 　・箱の縦，横，高さ 　・重さ	・様々なサイズの箱を用意しておくことで，設定に合わせて生徒が自由に箱を選べるようにする。 ・様々な重さのものを準備しておくことで，持ったときの量感を感じられるようにする。 ・自分の詰めた箱の予想ができたら，友達の箱も持ってみるように伝えることで，友達の立てた予想にも興味がもてるようにする。 ・予想が大きく外れていると考えられる場合には，日常生活の中で重さや長さをイメージできるようなものを例に挙げて話すことで，予想し直せるようにする。
9：50	3　重さ・長さを測る。 　・店員役，客役に分かれて活動する。 ⑴重さを量る。 ⑵長さを測る。 ⑶結果をワークシートに記入し，差を求める。	・重さを量る際は，最大計量値の異なる秤を用意しておくことで，予想に応じた秤を選べるようにする。 ・目の高さと水平にして目盛りを読むように言葉掛けすることで，正しく目盛りを読めるようにする。 ・長さを測る際は，言葉掛けすることで，0を基点に合わせられるようにする。 ・店員役の生徒が測定している様子を客役の生徒もよく見るように言葉掛けすることで，正しい測定の仕方が定着するようにする。

		⇒メジャーを使って正しく測定することができたか。〈観察〉
		・店員役の生徒が測定結果を伝えることで，自身の予想との差に気付けるようにする。 ・筆算を使って計算するように言葉掛けすることで，差を求められるようにする。 ・ワークシートを用意することで，位を揃えて筆算ができるようにする。
		⇒予測した値と実測値の差を求め，結果に気付くことができたか。〈観察〉
10:12	4　料金を求める。	・重さ，長さの測定結果をもとに表を確認することで，箱のサイズ，料金を調べられるようにする。
10:17	5　本時のまとめをする。 (1)学習内容の振り返りをする。 (2)終わりの挨拶をする。	・言葉掛けすることで，より安く荷物を送るためにはどうすればよいかについて意見を引き出せるようにする。 ・目標に沿ってよくできた点を称賛することで次時への意欲や自信につなげられるようにする。

（小松　大介）

数量の基礎	数と計算	測定	図形	データの活用

高等部　数学科　学習指導略案と教材

パティシエになろう〜三角形・四角形〜

❶ 単元を通して育てたい資質・能力，見方・考え方

　本単元では，図形を操作する活動を多く設定し，三角形と四角形，正方形と長方形について，頂点や辺の数，辺の長さに着目し，その違いからそれぞれの図形の特徴を捉えることができるようにしていきたい。また，四角形は三角形2枚で構成できるなど，複数の形を組み合わせて異なる形を構成する活動を設定することで，形を合成したり，分解したりして新たな図形の特徴に気付くことができるようにしていきたい。

❷ 資質・能力，見方・考え方を育てるためのアクティブ・ラーニング

　そのために，パティシエとして，様々な形のお菓子の模型を同じ形同士に分類したり，箱に隙間がないように入れたりする活動場面を設定し，楽しみながら特徴の違いに気付いたり，形をイメージしたりできるようにした。また，友達と協力して活動する場面や，正答が複数ある課題に取り組む場面を設けることで，友達の考え方に触れ，新たな気付きが得られるようにした。

❸ 目指す深い学び（社会や世界とどう関わるかの視座，広がり）

　このような学習を通して，図形への理解を深め，生活に身近なものの中にも様々な図形で構成されているものがあることに気付いたり，平面を合わせたり分けたりしながら考えられるようになったりすることで，様々な事物に対してより多角的な見方ができるようになるのではないかと考える。

❹ 目標

○三角形，正方形，長方形の特徴に気付き，形を見て分類したり，複数の図形を組み合わせて指示された図形と同じ形を作ったりすることができる。　　　（知・技…（特）高1・B・ア）

○辺や頂点など，三角形，正方形，長方形を構成する要素に着目しながら，ずらす，回すなど，形を移動させたり，図形を分割して考えたりすることができる。

（思・判・表…（特）高1・B・イ）

○身の回りのものについて，様々な図形で構成されていることに気付き，自ら探したり，言葉で表現しようとしたりする。　　　（学・人…（特）高1・B・ウ）

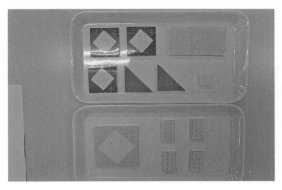

お菓子の模型

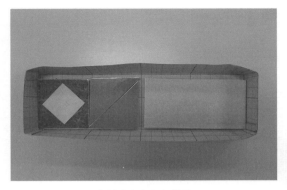

箱詰めされたお菓子

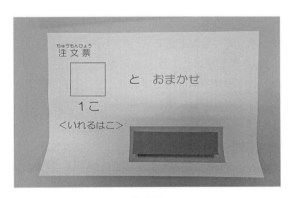

注文票

❺ 評価規準

○三角形，正方形，長方形の特徴に気付き，形を見て分類したり，複数の図形を組み合わせて
　指示された図形と同じ形を作ったりすることができたか。　　　　　　　　　　　（知・技）

○辺や頂点など，三角形，正方形，長方形を構成する要素に着目しながら，ずらす，回すなど，
　形を移動させたり，図形を分割して考えたりすることができたか。　　　　　　（思・判・表）

○身の回りのものについて，様々な図形で構成されていることに気付き，自ら探したり，言葉
　で表現しようとしたりしたか。　　　　　　　　　　　　　　　　　　　　　　　（学・人）

❻ 指導計画（16時間扱い：1単位50分）

第1次　いろいろな形のとくちょうを見つけよう……………………………… 6時間

第2次　パティシエになろう………………………………………………………… 10時間（本時は第6時）

時刻	学習内容・活動	支援上の留意点
10:30	1　本時の学習内容を知る。 (1)始めの挨拶をする。 (2)日付の確認をする。 (3)本時の学習内容を知る。	・始めに本時の学習内容を知ることで，見通しをもって活動できるようにする。
10:35	2　注文内容を確認する。	・高等部職員からの注文内容を伝えることで，学習への期待感や意欲を高めることができるようにする。
10:40	3　お菓子のトッピングをする。 (1)お菓子の形を確認する。 (2)トッピングの形を確認する。	・教師が「かど」「まっすぐなせん」「数」「長さ」などのキーワードや長さを測るためのものさしを提示することで，それらを手がかりにしてそれぞれの形の特徴を言葉で表現できるようにする。 ・Rには，教師が近くで形パネルを提示し，頂点の数や辺の長さを一緒に確認することで，どの図形であるかが理解できるようにする。

お菓子の形	トッピングの形
三角形	♡（ハート）
正方形	◇（菱型）
長方形	♡（ダイヤモンド）
どちらでもない	なし

(3)お菓子のトッピングをする。

> ⇒お菓子の模型を，それぞれの特徴に着目しながら，三角形，正方形，長方形に正しく分類することができたか。　　　　　　　　　〈観察〉（R）

時刻	学習内容・活動	支援上の留意点
10:55	4　お菓子をトレイに並べる。 (1)並べ方について確認する。 (2)お菓子を形ごとにトレイに並べる。	・トッピングしたお菓子の模型を一つのトレイに集め，友達と分担し合って分類するよう伝えることで，様々な図形に触れながら，友達と協力して課題に取り組むことができるようにする。
	5　お菓子を箱詰めする。 (1)箱詰めの注意点を知る。 (2)注文票を見て，必要なお菓子をトレイに取る。 (3)指定の箱を用意する。 (4)お菓子を箱に隙間なく並べる。	・注文票に使用する箱の種類や詰めるお菓子の形と数を記載しておくことで，自分で必要な材料を選ぶことができるようにする。 ・お菓子1〜2個分をあえて記載せず「おまかせ」とする注文票や，箱のみを指定して「全部おまかせ」の注文票を用意しておくことで，箱詰めをしていく中で，空いたスペースに入るようなお菓子の形を教師とやり取りをしながら考えることができるように

する。

・ E には，箱の辺の長さとお菓子の辺の長さを合わせたり，回転させたり，組み合わせたりするよう言葉掛けすることで，箱にぴったり合う形や向きに気付くことができるようにする。

⇒箱の大きさや形から，必要な形のお菓子の模型を選び，組み合わせながら箱詰めすることができたか。　　　　　　　　　　　　〈観察〉（E）

・ K には，教師と一緒に空いているスペースの形の特徴を確認することで，どんな形のお菓子が必要か気付くことができるようにする。

⇒空いているスペースの大きさや形から，適切なお菓子の模型を選ぶことができたか。　〈観察〉（K）

・友達の箱の詰め方を見て，気付いたことを伝え合うことで，自分とは異なる詰め方や形の組み合わせに気付くことができるようにする。

| 11:15 | 6　本時のまとめをする。
(1)本時の学習を振り返る。
(2)終わりの挨拶をする。 | ・がんばったことやよかった点を具体的に伝え，称賛することで，次時への学習意欲を高めることができるようにする。 |

（鈴木　裕美）

高等部　数学科　学習指導略案と教材

ラーメンレポート〜グラフを作って，読み取ろう〜

❶ 単元を通して育てたい資質・能力，見方・考え方

　本単元では，データを収集・分類して棒グラフを作成することによって特徴を見出すことや，調べたい目的に応じてデータの活用の仕方が異なることが分かるという数学的な見方・考え方を身に付けてほしいと考える。

❷ 資質・能力，見方・考え方を育てるためのアクティブ・ラーニング

　そのために，3名が好きなラーメンを題材として取り上げ，「もし，ラーメン屋だったらどうする？」という場面を設定した。生徒の視点を明確にした上で，アンケート項目を作成し，表を用いた集計，棒グラフの作成，話し合いの活動を繰り返し展開できるようにした。また，与えられたテーマによってデータの集計方法が異なることにより，作成される棒グラフも変わることを通して，違いを可視化し，目的に応じた集計方法を話し合うことで，多様な見方・考え方があることに気付くことができるようにした。

❸ 目指す深い学び（社会や世界とどう関わるかの視座，広がり）

　このような学習を通して，統計的な問題解決のよさに気付いて，データやその分析結果を生活や学習に関連づけることで，より生活の質が高まるのではないかと考える。

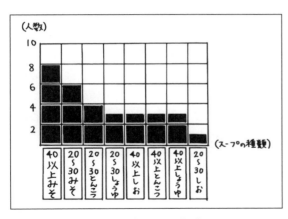

20～30代	しょうゆ	下	3
	みそ	正一	6
	しお	一	1
	とんこつ	正	4
			14
40代以上～	しょうゆ	下	3
	みそ	正下	8
	しお	下	3
	とんこつ	下	3
			17

○年代とスープを合わせて集計しよう!

年代とスープの種類の棒グラフ　　　　　　年代とスープの種類の集計表

❹ 目標

○調べたい目的に応じてデータを収集，分類整理して，表や棒グラフに表すことができる。

（知・技…（特）中2・D・ア）

○表や棒グラフから資料の特徴や項目間の関係を読み取り，伝えることができる。

（思・判・表…（特）中2・D・イ）

○表や棒グラフから特徴を見つけようとする。　　　（学・人…（特）中2・D・ウ）

❺ 評価規準

○調べたい目的に応じてデータを収集，分類整理して，表や棒グラフに表すことができたか。

（知・技）

○表や棒グラフから資料の特徴や項目間の関係を読み取り，伝えることができたか。

（思・判・表）

○表や棒グラフから特徴を見つけようとしたか。　　　　　　　　　（学・人）

❻ 指導計画（9時間扱い：1単位50分）

第1次　ラーメンについてのアンケートを作ろう………………………… 1時間

第2次　アンケートを分析したり，比較したりしよう………………… 8時間（本時は第5時）

時刻	学習内容・活動	支援上の留意点
9:30	1 本時の学習を知る。 (1)始めの挨拶をする。 (2)前時の学習を振り返る。 (3)本時のテーマを発表する。 ┌─────────────────┐ 20〜30代向けのラーメン屋のメ ニューについて考えよう。 └─────────────────┘	・事前に，これまで作成した表やグラフを掲示することで，学習過程を振り返ったり，期待感をもって学習に取り組んだりすることができるようにする。 ・「もし，ラーメン屋だったら？」という文脈を設定することで，意欲的に学習に参加できるようにする。
9:40	2 アンケートの集計をして，表に整理する。 (1)読み上げ係2名と表に記入する係を決める。 (2)読み上げ係が読んだ結果を，表に記入する係が「正」の字で整理する。 (3)「正」を合計する。	・前時に作成した表を提示して比較することで，調べたい事柄に応じて表のまとめ方の違いに気付くことができるようにする。 ・読み上げ係に対して結果を「ゆっくり」「端的」に伝えるように言葉掛けすることで，記入係が自分のペースで書くことができるようにする。 ・表の枠に色をつけることで，表の記入箇所が分かるようにする。
9:50	3 友達と一緒に棒グラフを作成する。 (1)グラフ名，項目を記入する。 (2)縦軸の目盛の数を考える。 (3)作成する項目を決める。 (4)項目の目盛に合わせてマス目用紙を切り，グラフ用紙に貼る。	・Ｉには，縦軸の目盛の数を考える際には，表を見るように促し，項目の中の最大値に気付くことができるようにする。 ┌────────────────────┐ ⇒目盛のパターンを提示することで，選んで答えることができたか。 〈観察〉(I) └────────────────────┘ ・色つきのマス目用紙を用意することで，比較基準が分かるグラフになるようにする。
10:00	4 棒グラフから分かったことを発表する。	・Ｑには，事実以外に目を向けられるように曖昧な発問から始め，具体的な項目や数に注目できるようにしたり，別の棒グラフを提示して指定した二つの項目を見比べるようにしたりするなどと段階的に発問することで，数字の事実以外にも着目できるようにする。

		⇒棒グラフを見たり，別の棒グラフと比較したりして分かった特徴を伝えることができたか。〈観察〉（Q）
10:10	5　本時のテーマに基づいて，話し合いをする。 ┄┄┄┄┄┄┄┄┄┄┄┄┄┄┄┄ 20〜30代向けのラーメン屋を作るとしたときに，どんなメニューにしますか？ ┄┄┄┄┄┄┄┄┄┄┄┄┄┄┄┄	・発表内容をホワイトボードに書くことで，話し合いや振り返りの時間の参考にできるようにする。 ・棒グラフや表を確認するように促すことで，テーマと関連した結果に気付くことができるようにする。 ・ L には，棒グラフの結果から分かる事実を確認した上で，意見の選択肢を提示することで，自分の考えに近いものを選び，その理由を伝えることができるようにする。 ⇒事実の結果と結び付けて，提示された意見から選ぶことができたか。〈観察〉（L）
10:15	6　本時のまとめをする。 (1)本時の振り返りをする。 (2)終わりの挨拶をする。	・棒グラフの結果や話し合いで出た意見を整理し，よかった点を称賛することで，次時の学習への意欲を高めることができるようにする。

（渡邉　崇）

第5章

「国語」「算数・数学」の
学習評価

国語，算数・数学の学習評価のポイント

1 学習の流れの中で評価する

　子ども一人一人に多様に展開する学習をどのように評価していけばよいのでしょうか。これには授業の流れの中で教師自身が評価基準を考えることが重要となります。

　授業は，「教材」「教師」「子ども」の三つから構成されていて，「教材を仲立ちにして，教師と子どもがお互いに関わり合う過程」と捉えることができます。そのため，学習の評価の際にも授業の流れの中で子どもの学びを評価することが大切になります。従来の学習評価では，子どもの学習の成果を表面に現れた行動の変化として，対象化して捉え，客観的・分析的に評価することが望ましいとされてきました。しかし，アクティブ・ラーニングの学習評価では，このような子どもの行動のみを客観的に評価するだけではなく，子どもの学びの過程を評価していく必要があります。

2 評価規準・基準に沿った評価の仕方（目標に準拠した評価）

　目標に準拠した評価は，客観的・分析的に行う評価なので，評価する際には規準（評価の観点）と基準（到達度）を予め明確にしておく必要があります。「こんにちは！えほんのこどもたち」（pp.106-111）の実践から具体的に考えてみましょう。

「目標」に準拠した「評価」

国語の単元の目標

○絵本の読み聞かせを通して色々な言葉に気付くことができる。（知・技・・・小2・ア（イ））
○思い浮かべたことを動きや言葉で表現できる（思・判・表・・・小2・Cア）
○絵本の楽しみながら感じたことを自分なりに表現しようとする（学・人・・・小2・ウ）

評価の観点＝評価規準

○絵本の読み聞かせを通して色々な言葉に気付くことができたか（知識及び技能）。
○思い浮かべたことを動きや言葉で表現できたか（思考力，判断力，表現力等）。
○絵本を楽しみながら感じたことを表現しようとしていたか（主体的に学習に取り組む態度）。

ポイント①

学習指導要領の段階と目標内容との関連をおさえることで評価規準と評価基準を明確化します。

本時の活動「窓の外を想像し，友達に紹介しよう」

授業の中で上記の点が見られたかどうかを評価する＝評価基準

・教師が歌や動作で示すことで自分のイメージをもち，景色をつくることができるようにする。【手立て・留意点】
⇒絵本に登場するものや様子に注目し，言葉で表現することができたか。<観察>【評価基準】
・登場人物になりきってやり取りすることで想像を広げることができるようにする。【手立て・留意点】
⇒絵本の登場人物の様子や動作等を言葉で表現することができたか。<発言・観察>【評価基準】

ポイント②

・授業のヤマ場に，目標達成のための活動を設定し，支援の手立ても具体化することで，活動の中で目標と評価を一体化する。
・評価方法も具体的に記述する。
・手立てと評価基準を合わせて表記することで，子どもの学習を評価するとともに教師の手立ても評価も行えるようにする。

3　エピソードを用いた評価の仕方

子どもの内面を評価するには，エピソード記述が有効です。このときに注意することは，子どもの行動の変容のみの記述にならないようにするということです。

教師の教材を媒介とした意図的な働きかけが必ずあるはずです。

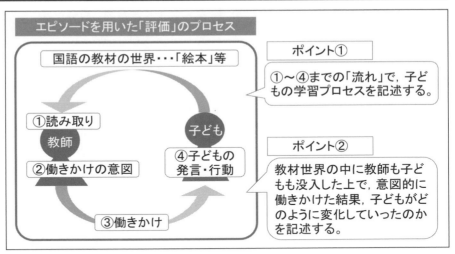

エピソードを用いた「評価」のプロセス

国語の教材の世界・・・「絵本」等

①読み取り
教師
②働きかけの意図

子ども
④子どもの発言・行動

③働きかけ

ポイント①
①〜④までの「流れ」で，子どもの学習プロセスを記述する。

ポイント②
教材世界の中に教師も子どもも没入した上で，意図的に働きかけた結果，子どもがどのように変化していったのかを記述する。

また，教師が意図的に働きかけたときは，子どもの気持ちや思考を読み取れるはずです。こうしたプロセスをエピソードに記述するためには，①教師の読み取り，②働きかけの意図，③働きかけ，④実際の子どもの発言・行動を記述します（下図参照）。

知的障害児は，気持ちや考えを言葉にすることが苦手な場合が多いので，授業では「子どもは何を思っているのかな？」と内面を読み取る姿勢が大切です。こうしたエピソードを用いた評価を継続していくと，子どもの学びの広がりや深まりを評価することができます。

エピソードを記述するポイント	タイトル2　「狼は，フーッて！」
ポイント：具体的な子どもの様子　➡	ポイント：エピソードの解釈
休み時間に狼のパペットで「ここがお家かな」や「入れて」，「ガオー」と言って遊んでいた。ここから狼のイメージが広がっていることが伺えた。	授業中だけでなく，日常生活のできごとも含めて記述する。
狼が登場すると「狐？」と呟いた。狼と狐を混同していたので「ガオー狼だ」と狼のまねをしたが，「狐かな？」とまだ整理がつかない様子だった。	子どもの内面（気持ちや理解等）の読み取りと働きかけの意図をまとめる。実際の行動だけでなく，意図や根拠となることもエピソードに含めて記述する。
そこで，「狼と狐はどこが似ている？」と逆に両者の似ている点を確認してみると「しっぽ，お耳」と答え，息を大きく吹き出し，狼が豚の家に息を吹きかける様子を表現できた。	国語の目標を達成するように，子どもの行動の背景を読み取りながら柔軟に行動していることをエピソードで記述する。
遊びながらイメージが膨らみ，表現できるようになったと考える。	国語の目標を踏まえて，子どもがどのような学びをしていったのかを記述する。

（遠藤　貴則）

聞くこと・話すこと	書くこと	読むこと

小学部　国語科　学習指導略案と学習評価

こんにちは！えほんのこどもたち ~絵本を読んで，自分なりに言葉で表現してみよう~

❶ 本時の目標

○絵本に登場するものや様子に注目し，言葉で表現することができる。　　　　　　　(D)
○絵本の登場人物の様子や動作など，思い浮かべたことを言葉で表現することができる。(G)
○絵本の登場人物や動作などから思い浮かべたことを言葉で表現することができる。　(H)
○感じたことや思いを自分なりの言葉で表現しようとする。　　　　　　　　　　　(学・人)

❷ 準備・資料

　えほんのこどもたち（イラスト），絵本〔『えほんのこども』（荒井良二，講談社）『あさになったので　まどをあけますよ』（荒井良二，偕成社）他〕，小道具（おにぎり模型，お面，パペット，落ち葉　他），スピーカー，窓枠とカーテン，窓から見える景色（イラスト），タブレット端末，TV

❸ 展開

⇒育成したい資質・能力

時刻	学習内容・活動	支援上の留意点
9:40	1　本時の学習内容を知る。 (1)始めの挨拶をする。 (2)本時の学習内容を知る。	・子どもたちのつぶやきを受け止め，やり取りをしながら読み聞かせをすることで，気付いたことや伝えたいことを表現することができるようにする。
9:43	2　絵本を見て，体験したり，劇遊びをしたりする。 (1)絵本を読む。『えほんのこども』 ┄┄┄┄┄┄┄┄┄┄┄┄┄┄┄┄ エホン　ゴトン。えほんのこどもたちがとんがり館にお話を届けにやってきましたよ。 ┄┄┄┄┄┄┄┄┄┄┄┄┄┄┄┄ (2)絵本の子どもに自己紹介をする。	・「エホン　ゴトン」の言葉に合わせて，体を揺らしたり，言葉を模倣したりすることで，言葉のリズムを感じながら読み聞かせを楽しむことができるようにする。 ・ D には，教師が絵本に出てくる言葉や場面をイメージできるような動作をすることで，動きを手掛かりに絵本の内容に興味をもつことができるようにする。 ・ G には，絵本の場面や言葉と関連する G の思い出について言葉掛けすることで，登場人物の様子や動作についての想像を広げることができるようにする。 ・ H には， H なりの言葉や表現を共感し，肯定する言葉掛けをすることで，登場するものを見て，思い浮かべたことを表現することができるようにする。

(3)見たい絵本を1冊選ぶ。 『ゆき　ふふふ』 『さわさわもみじ』 『うみ　ざざざ』 『おむすびころりん』 『てぶくろ』他 (4)絵本を見て，体験的活動や劇遊びを行う。	・落ち葉などを触ったり，波の音などを聞いたり，擬声語・擬態語を動作で表現してみたりすることで，絵本の場面や登場人物，出てくる言葉に興味をもち，イメージを広げることができるようにする。 ・「おむすびころりんすっとんとん」の言葉に動作を付け，音楽に合わせて踊ることで，転がる様子を感じたり，登場人物の行動を考えたりすることができるようにする。 ・手袋に入る動物を順に大きくしたり，動物になったつもりで人形を動かしたりすることで，登場する動物や手袋が膨らむ様子に注目できるようにする。

活動	絵本などの題名
体験	・ゆき　ふふふ ・さわさわもみじ ・うみ　ざざざ　他
劇遊び	・おむすびころりん ・てぶくろ

10:00	3　絵本を見て，考える。 (1)絵本を読む。 　『あさになったので　まどをあけますよ』 (2)物語の最後の一文に続けて，絵本の景色を考える。	・出てくるものや好きなページについて教師とやり取りをしながら絵本を見ていくことで，出てくるものや言葉に気付き，絵本の「そこに…ある」や「好き」の言葉のイメージを感じることができるようにする。 ・D には，選んだものに関連する歌や動作を教師がやってみせることで，言葉やものに対する興味やイメージをもって景色を作ることができるようにする。

> 「あさになったので，まどをあけますよ。」次はどんな景色かな？　自分たちで考えてみましょう。

⇒絵本に登場するものや様子に注目し，言葉で表現することができたか。　　　　　〈観察〉（D）

　①場所，天候，乗り物，動植物などの本文に出てくるものや関連するイラストから選ぶ。
　②イラストを貼り，景色を考える。
　③友達に景色を紹介する。
　・寝る。
　・教師「朝になりましたよ。」
　・起きてカーテンを開ける。
　・考えた景色を見る。

・G には，景色の中に登場する人物になったつもりでやり取りをすることで，作った景色や様子に対する想像を広げることができるようにする。

⇒絵本の登場人物の様子や動作など，思い浮かべたことを言葉で表現することができたか。
　　　　　〈発問・観察〉（G）

・H には，選んだものに対する H のつぶやきから景色の様子や登場人物についてのやり取りをすることで， H なりの言葉で表現ができるようにする。

		⇒絵本の登場人物や動作などから思い浮かべたことを言葉で表現することができたか。 〈発問・観察〉（H）
		・「景色には何がありますか？」と言葉掛けをすることで，お互いの景色の様子や登場人物に気付き，感じたことを児童同士で伝え合うことができるようにする。
10:20	4　本時のまとめをする。 (1)本時の振り返りをする。 (2)終わりの挨拶をする。	・本時の内容を振り返り，がんばったところやよくできたところを称賛することで達成感を味わい，次時への意欲を高めることができるようにする。

❹ 目標（資質・能力）に準拠した評価

児童	学習指導案上の評価の視点	授業後の評価
D	絵本に登場するものや様子に注目し，言葉で表現することができたか。 〈観察〉	絵本の絵をじっと見つめ，「犬」などと言って見つけたものを指さしたり，頭上で両手を合わせる動作を付けながら「山」と言ったりすることができた。
G	絵本の登場人物の様子や動作など，思い浮かべたことを言葉で表現することができたか。 〈発問・観察〉	絵本や作った景色を見て「車がいっぱい。大変だ。渋滞してる」や「温泉がここにあるよ。温泉，行ったね」などと思い浮かべたことを言うことができた。
H	絵本の登場人物や動作などから思い浮かべたことを言葉で表現することができたか。 〈発問・観察〉	絵本の山の絵を見て「やっほー」と動作を付けながらつぶやいたり，川の絵を見て「川って海みたいね」と言うなど，思い浮かべたことを自分なりの言葉で伝えることができた。

❺ 学習単元を評価するエピソード記述

┃「風，きゃーって！」『さわさわもみじ』（ひがしなおこ，くもん出版）

〈学習活動と育成したい資質・能力〉

　絵本の読み聞かせを行い，絵本の場面の擬似体験をする活動→登場人物の動作を真似たり，出てくるものに触ったり，関連のある音を聞いたりする。体験を通じて，絵本の登場人物や言葉に興味をもち，思い浮かべたことを言葉で表現する力を高める。

〈学習の様子＝エピソード記述による評価〉

　「さわさわもみじ」では，教師が「さわん　さわん　かぜふいて」の部分を読み，「風吹いてって分かるかな？」と絵本の絵を見せながら質問をした。児童たちは黙り，教師の顔を見つめ

返した。"風"のイメージがたりないと感じたので，音から"風"や"風の吹く様子"を思い浮かべることができるように，教師が「まずは，風の音を聴いてみよう」と言って草原の風の音（動画）を流した。初めHは，じっと耳を傾けていたが，笑い声を上げ，手や顔を揺らし始めた。そこで，風を肌に感じることができるように教師がうちわで顔を仰ぐと，「きゃー！」と言うH。すると，Hが絵本の中の絵（髪の毛が風になびいている男の子）を見て，「こう？」と自分の髪の毛を持って右に左に動かし，手で顔を扇ぎながら「きゃーって，やった」と言った。教師は，風に吹かれている様子の絵だとHが気付いたと判断し，「そうだね。お兄さんも，風がひゅーって吹いて，髪の毛がこうなったんだね」と返した。それを聞き，髪の毛を持って左右に動かし「こう」と嬉しそうな表情で言うHだった。

　普段Hは，強い風に吹かれたときに「きゃー」と言って笑ったり，風で飛ばされた葉っぱなどを見て「あ。見て」と言ったりすることがある。今回，絵本に出てきた言葉"風"について，体験的活動をしたことで，自身の経験（イメージ）と"風"（言葉）が結びついたと推測できる。イメージが広がったことで，絵本の中の絵や言葉から登場人物の様子が自分と同じように風に吹かれているのではないかと想像し，思い浮かべたことをHなりの言葉で表現できたと考える。

「狼は，フーッて！」てぶくろ（エウゲーニー・M・ラチョフ，福音館書店）

〈学習活動と育成したい資質・能力〉

　紙芝居の読み聞かせを行い，劇遊びをする活動→動きや擬声語から物語に登場するものへのイメージを広げ，自分なりに言葉で表現する力を高める。

〈学習の様子＝エピソード記述による評価〉

　狼と狐が似ているという気付きのあるHに対して，さらに狼のイメージを膨らませられるよう，前時には『3びきのこぶたと4ひきめのこぶた』（きしらまゆこ，教育画劇）を読んだ。その後，休み時間に動物のパペットを使って遊ぶと，Hは狼を動かしながら「ここお家かな？」や「入れて」や「ガオー！」と言うなど，狼のイメージが広がってきている様子が伺えた。『てぶくろ』は，登場する動物を予想しながら読んでほしいと思い，動物を擬声語や擬態語で表現し，動きを付けながら読んだ。狼の登場場面になる。耳の部分を見たHは，前時までの授業を思い出したのか「狐？」と確認するように言った。教師が「ガオー，狼だ」と言うと，Hは「狐かな？」とつぶやいた。Hは狼と狐が似ていると捉えていると推測し，「狼は，どこが狐に似ているの？」と教師が問い掛けると，Hは「しっぽ！　お耳！」と答えた。そこで，狼だけの特徴をイメージできるように別の絵本に出てきた狼の台詞を真似して，教師が「ここは，お家？　入れて」と低い声でつぶやいてみた。すると，パッとひらめいたようにHは「フーってやる」と口を尖らせ息を吹く動作をしながら言った。教師が「そうだね。ぶたさんのお家をフーッてやってたね」と返すと，Hは嬉しそうに息を吹く動作をした。

　別の絵本を読んだり，劇遊びなどをしたりすることで，Hの狼に対するイメージが膨らみ，

息を吹く表現に結び付いたと推測できる。もっているイメージを遊びや視覚的な特徴などから膨らませていくことで，Hのもつイメージはさらに広がったのではないか。そして，広がる中で，経験や言葉とイメージが結びついたことで，言葉での表現が豊かになったと考える。

『私のお家かな。』『あさになったので　まどをあけますよ』（荒井良二，偕成社）

〈学習活動と育成したい資質・能力〉

絵本の読み聞かせを行い，絵本の登場人物になったつもりで場面（景色）を考える活動を通して，絵本の場面の様子や登場するものなどに対する多様なイメージを引き出す。思い浮かべたことを言葉で表現し，景色を紹介することで絵本の場面に対するイメージを豊かにする。

〈学習の様子＝エピソード記述による評価〉

この絵本では，窓から見える何気ない日常が描かれている。場面のイメージがもてるように，絵本に登場するものや関連する身近なものを使い，窓から見える景色を考えた。Hは提示された家（絵）をすべて景色の上に置いていく。Hなりの思いをもって選んでほしいと考え，「全部がいい？　好きなお家だけでもいいよ」と質問をした。すると，Hは，景色をじっと見て，迷いながら「これ」と青い屋根の家を手に取った。Hなりの思いを再確認するために，教師があえて「後は？」と聞くと「いらない。これ！」と言って青い屋根の家を教師に見せた。そして，Hは青い屋根の家のドアの部分をノックする動作をしながら「トントン。ただいま」とつぶやいた。青い屋根の家から自分の家をイメージしていると推測し「Hのお家だね。"いつも青いお家があって，だからここが好き"になるね」と絵本の言葉を使いながら言うと，Hは嬉しそうにした。その後，景色の中に色々な猫を並べて置いたHに，教師が「どの猫にする？」と言うと，Hは家で飼っている白猫を選んだ。飼っている猫に見立てていると推測して「ユキちゃんだね」と教師が言うと，Hは「そう」と満足気に答えた。そして，猫を手に取り「ざぶーん」と言いながら海の部分に置くH。その様子から景色の中の登場人物になったつもりになって，猫を海で遊ばせていることが伺えた。

いろいろと景色に並べていくHに，選んだものへのHなりの思いを教師が聞くことで，思い浮かべていることを言葉で表現できた。絵本に登場するものや身近なものを操作性のある教材として提示することで，擬声語や動きをつけながらごっこ遊びを楽しむ姿が見られており，遊ぶ中で，登場するものや場面の様子，言葉などに気付き，イメージを広げることができたと考える。絵本の場面や登場するものに対するHなりの気付きや言葉での表現を大切にしながら，思い浮かべていることを引き出し，イメージを広げていけるようにしたい。

❻ まとめ

絵本の読み聞かせを楽しむH。たくさんの絵本を読み，遊びの要素を多く取り入れた活動をすることにより，絵本の場面や登場するものに対するイメージが膨らみ，動きや擬声語などを交えながら自分なりに気付いたことや思い浮かべたことを言葉で表現する力が高まってきた。

また，操作性のある教材を多く取り入れることで，自由な発想とHなりの気付きが生まれた。教師がHの気付きやつぶやきに対し，気付きや思い浮かべていることに共感し，認める関わりを心掛けることで，言葉で表現する楽しさを感じながら学ぶことができたと考える。しかし，Hの気付きやつぶやきに対する教師の解釈がH自身の思い浮かべていることとズレが生じる場面もあった。教師の解釈に対するHの言葉や表情などから「違うのかもしれない」と感じたときには，Hの言葉や表現を問い返すようにした。伝わらないもどかしさに寂しげな表情のHだが，Hなりの言葉や表現を教師が待つことで，Hは教師に伝わる言葉や表現を考え，表現し直そうとする姿を見せていた。教師に伝わったことで，嬉しそうにしていた。今後もHなりの発想や言葉を大切にすることで，想像する力や言葉で表現する力をさらに広げ，Hの日々の生活における言葉での表現へと結びつけていきたい。

（吉田　史恵，稲葉　由佳）

聞くこと・話すこと	書くこと	読むこと

中学部　国語科　学習指導略案と学習評価

写真コメンテーターになろう~相手に伝わるように書こう~

❶ 本時の目標

○書きたいことを丁寧な文字で書くことができる。　　　　　　　　　　　　　　(F，I)

○教師の手本や五十音表を確認しながら書きたい文字を丁寧に書くことができる。　　(N)

○文字を書くことに興味をもち，自分から書いて伝えようとする。　　　　　　　(学・人)

❷ 準備・資料

　個別学習用プリント，コメント用ワークシート，お題の写真，平仮名・片仮名五十音表

❸ 展開

⇒育成したい資質・能力

時刻	学習内容・活動	支援上の留意点
9:40	1　本時の学習内容を知る。 (1)始めの挨拶をする。 (2)日付と曜日を確認する。 (3)本時の学習内容を知る。 写真コメンテーターになろう。	・姿勢を正すように言葉掛けをすることで，教師の方を見て挨拶ができるようにする。 ・学習の流れや内容を提示することで見通しをもつことができるようにする。
9:45	2　平仮名や片仮名のなぞり書きや視写をする。	・プリントで文字のなぞり書きや視写をすることで，字形を意識できるようにする。
9:55	3　写真についてコメントを書く。	・コメントする写真を選べるようにすることで，意欲的に楽しく取り組めるようにする。 ・文字の書き方の手本を示したり，丁寧に書くことを促したりすることで，相手に伝わるように書くことができるようにする。 ・書く内容に悩んでいるときには，友達に相談するように言葉掛けすることで協力して書けるようにする。 ・文字の五十音表を提示したり，見本の文字を教師が示したりすることで，正しい字形を意識して書くことができるようにする。 ・教師が具体例を示したり，友達との相談を促したりすることで，書きたいことについてのイメージを広

げることができるようにする。
・生徒から挙がった意見やアイデアを教師が肯定的に捉え，受容したり友達に伝えたりすることで友達同士の意見交換が活発になるようにする。
・雑に書いた見本と丁寧に書いた見本を見せることで，丁寧に書くことで読み手が分かりやすくなるということに気付けるようにする。

> ⇒書きたいことを丁寧な文字で書くことができたか。
> 〈観察・ワークシート〉（F，I）

> ⇒教師の手本や五十音表を確認しながら書きたい文字を丁寧に書くことができたか。
> 〈観察・ワークシート〉（N）

10:20	4　書いたコメントを伝える。		・コメントが書いてあるワークシートを掲示してその内容を友達が読んだり教師が伝えたりして共有することで，丁寧に書くと伝わるということを実感できるようにする。
10:25	5　本時のまとめをする。 (1)本時の学習を振り返る。 (2)終わりの挨拶をする。		・できたことを教師が伝えることで，書くことに対しての意欲を高め，自信につながるようにする。

❹ 目標（資質・能力）に準拠した評価

生徒	学習指導案上の評価の視点	授業後の評価
F	書きたいことを丁寧な文字で書くことができたか。 〈観察・ワークシート〉	クリスマスパーティーの写真を見て，書きたいことを教師に伝え文字の五十音表を確認しながら，丁寧な文字で「おにくをせんせいとたべたい」と書くことができた。
I	書きたいことを丁寧な文字で書くことができたか。 〈観察・ワークシート〉	ショッピングモールの写真を見て，書きたいことを教師に伝え，教師が書いた手本をよく見ながら，丁寧な文字で「パパとゲームセンターであそびたい」と書くことができた。
N	教師の手本や五十音表を確認しながら書きたい文字を丁寧に書くことができたか。 〈観察・ワークシート〉	遊園地の写真を見て，書きたいことを自分で考えて書いた。書いた文を教師と読み直すことで，文字や文の間違いに気付き，文字の五十音表を確認しながら，丁寧な文字で「ジェットコースターにのってびっくり」と書くことができた。

❺ 学習単元を評価するエピソード記述

■「もう1枚ちょうだい。」

〈学習活動と育成したい資質・能力〉

　イメージしたことを俳句で表現する。

　→教師と相談しながら自分のイメージしたことを俳句で表現することができる。

〈学習の様子＝エピソード記述による評価〉

　季語のヒントになる様々な写真や目に見えるものなどを手掛かりに俳句を作り，友達や教師に伝えるという学習。教師が虫を題材とした俳句の見本を提示したり詠んだりした後，実際に俳句を作る場面で，書かずにうつむき加減のN。考えている途中なのか書くイメージがもてないのかはっきりと分からなかったが，書くことに対して苦手意識があるNであるため，あえて見守り，他の生徒と俳句作りを進めることにした。他の生徒が，「くるすせんせいと　キャンプに　いきたいな」と作ったので，書き方のイメージをもたせて少しでも書くきっかけにつながればよいと考え，その俳句をNに見せて詠む。すると「くるすせんせいか」と興味を示す。そしてNは「ぼくはゴジラで書きたい」と言ったので「いいねー！　書いてみよう」と応える。書いている途中，いくつか間違いに気付いたが，書こうとしたNの気持ちを尊重したいという思いから間違いには触れず，書きたい文字の手本を示したり，部分的に手伝ったりして書くようにし「アメリカゴジラ　くるすせんせいを　ぺしゃんこにする」という俳句ができた。俳句の基本からは離れているが，Nに俳句を書くことの面白さに気付いてほしいという思いや，友達もNの発想の面白さに気付けるのではないかと考え，Nの俳句をみんなに伝えることにした。書けたことの喜びを感じてほしかったので，紹介の後に「これじゃ先生痛いよ〜」と教師が大げさに演じることで周りの友達が大笑いする。その様子を見て「もう1枚ちょうだい」とNが俳句のワークシートを要求し，その後ゴジラが題材の俳句をいくつも書いた。

　俳句という学習を切り口に書いて伝えることの面白さに気付いた瞬間であった。自分が面白いであろうと思って書いた俳句を友達も面白いと感じてくれた。俳句を書いたことで自分の思いを共有できたことで，書きたいという気持ちが育ち，書くことに対しての苦手意識よりも書いて伝えたいという気持ちが勝ったのではないかと考える。

■「小さい『ス』が書けない！」

〈学習活動と育成したい資質・能力〉

　身近な言葉を片仮名にする。

　→文字に対する意識が高まったことで，文字の書き方が分かり，知識が深まった。

〈学習の様子＝エピソード記述による評価〉

　教師が提示した平仮名の単語を片仮名に直す学習。身近な食べ物などを何度か書いた後，自分で考えて片仮名を書きたいというN。本人の書きたいという意欲を大切にしようと「好き

なのを書いていいよ」と促す。何を書きたいのか，また，一人で書くとどうなるか知りたい気持ちから，文字チップや片仮名の五十音表を提示し「よかったら使ってね」と言葉を掛け，横目で見守ることにする。文字の書き間違いがあるものの書いたものを嬉しそうに見せてくる。Nの楽しい気持ちを損ねないように配慮しつつ正しい書き方も知ってほしいという思いから，時折，教師がNの書いた文字の隣に正しい文字を書き一緒に読んだり，五十音表を使って書き方を確認したりした。そのようなやり取りを繰り返し，文字への理解や興味を高められればと考えた。すると，Nが「ウススパー」とペンで書き，少し慍った表情で「小さい『ス』が書けない」と伝えてくる。本人の意図を探ろうと，「何を書きたいの？」と尋ねると「ウススパー」と答える。本人の普段の様子から推測し，「ウィスパー？（妖怪ウォッチのキャラクター）」と聞くとうなずくN。自分の書いた文字に対して感覚的な違和感を覚えたのだ。Nが詳しいアニメということもあり，教師が答えを示すよりも一緒に調べた方が間違いに気付いて納得できるのではと考え，インターネットでキャラクターを調べることにした。ページには「ウィスパー」と書いてある。教師と一緒に読んだ後，うなずきながら「なるほど」とつぶやくN。本人の気付きに着目したい思いから「何が分かったの？」と尋ねと「スじゃなくてイなんだ！　先生手本書いて」と応える。間違いへの気付きと正しく書きたいという気持ちの芽生えの素晴らしさを伝えたいと思い「気付けてすごいね！　一緒に書こう」と称賛する。教師が「ウィスパー」と書くと，手本を見ながら慎重に書き，教師が「正しく書けたね」と言うと，ニコッと笑い満足そうだった。

　好きなように書くという段階から「正しく書きたい」という気持ちの変化が感じられた場面だった。自分で文字を調べて書いたり，書いた文字を教師と読み返したりする学習を繰り返していく中で，文字の表記と音の関係との規則性への理解が進み，自分が書いた「ウススパー」に違和感を覚えた。見慣れた「ウィスパー」という文字であるため「ス」ではないことに気付き，しかも自分の好きなキャラクターであるために間違えたくないという気持ちが強く出たのだと考える。これまでは，書いた字の間違いに気付かなかったり，気付いても気にならなかったりしていたNだが，文字への興味と書字への理解が高まったことから，正しく書きたいという気持ちが芽生えたのだ。

「アレ貸して！」

〈学習活動と育成したい資質・能力〉

　自分のイメージしたことを文字にすることで相手に伝える。

　→文字で書くことで伝わる経験をし，日常生活において書いて伝えようとすることができる。

〈学習の様子＝エピソード記述による評価〉

　教師が提示したイラストの名前を考えカードに書いて伝えるという学習。タコのイラストを提示すると，少し考えて「タコツボックス　クール」と答えるN。「じゃあ，書いてみて」と促してペンを渡すと，字形はいびつながらも「タツホック　クール」と書いて得意気のN。

そのようなやり取りを何度か繰り返し，多少の間違いはあるものの楽しそうに名前を付けて書いていく。書くという楽しさを味わってほしい反面，正しく書かなければ伝わらないことにも気付いてほしいと思い，「ヨセケン（本来はNの好きなアニメの武器である「ヨウセイケン」）」と書いたカードを他の生徒に読んでもらう。すると，「ヨセケン！」という答え。アレ！？という表情で不満そうに「ようせいけん！」と言い直すN。「どこが違うのかな～？」と尋ねると，書いた文字をすべて消し，「あれ貸して！」と伝えてくる。これまでに使った教材の中の何かだと推察し，文字チップや平仮名や片仮名の五十音表を提示して「どれなの？」と聞く。すると，「これ！」と言って片仮名の五十音表を手に取った。伝わるように書く手段として本人なりに考えたのだ。教師に「どう書くの？」と質問する。教師が，五十音表の必要な文字に〇を付けて一文字ずつ伝えて書き方を部分的に手伝うことで「ヨウセイケン」と書くことができた。もう一度友達に読んでもらうと「ヨウセイケン！」と返ってくる。「正しく書いたらみんな分かるね！」と教師が伝えると嬉しそうな表情を見せるNだった。

　書いたものを分かってもらいたいという心の変化が強く出た場面である。自分が思ったように伝わらないという葛藤からどうすれば伝わるかを考え，これまでの学習の蓄積や教師とのやり取りから，五十音表を使うことで自分の書きたいことを書けるのではないかと気付き，それを実践することができた。文字を正しく書くことで伝わる楽しさを実感できた瞬間だったと考える。

❻ まとめ

　当初のNは，書くことに対して消極的であった。思うように書けないという苦手意識があったからだ。そこで，面白い発想や表現を認め，多少の文字の間違いを許容することで，書くことに対しての関心を高められるのではないかと考えた。俳句の学習では，自分の表現を自分なりの文字で表し，友達に説明することで文字で表現することの面白さに気付き始めた。その後の片仮名の学習では，文字への興味の高まりから，正しく書こうとする意識が生まれ，その結果書けなかった字が書けるようになっていった。単元の終盤では，自分の書いた文字で相手に伝えたいという気持ちが芽生えた。自分で書きたい文字を調べたり，分からないところは質問したりするなどして書くことで，読み手を意識して伝わるように書くことができるようになってきている。

　このような学習を通して，「書くことで相手に伝わった」という経験を積み重ねることで，文字のもつよさに気付いたり，文字を正確に書きたい気持ちを育んだりすることは，今後の日常生活の様々な場面でも生かせるようになるのではないかと考える。

（来栖　智史）

Q3 重度障害児の「深い学び」を どのように考えたらよいですか？

A3

新学習指導要領では，主体的・対話的に授業を展開するだけでなく，その結果として「深い学び」を実現することが求められています。これは，教科学習で言えば，「各教科の見方・考え方」を身に付けることです。例えば，算数を例にすると，「10以上の数を数えるときに『10のかたまり』を作って数える」など，表面的に「できる」ことではなく，その奥にある「教科の本質や原理が分かる」ようになることを「深い学び」と考えます。

ただし，こうした一段，抽象的な理解を「深い学び」としてしまうと，重度障害児の「深い学び」を実現することは難しくなります。この点に関して，筆者は，身体的・感覚的なレベルであっても「実感をもって分かる」学びが展開できれば「深い学び」として考えられるのではないかという立場をとっています。

例えば，発達初期の重度障害児に対する算数・数学の授業で，「ある・ない」という認識を育てる学習を展開したとします。授業では，教師が大好きな人形を子どもの目の前で棚の引き出しにしまい，「人形が『ない』ね。どこに『ある』かな〜」と子どもたちに問いかけます。その授業を受けている子どもたちは，「ある」「ない」という言葉はまだ理解できていなくても，目の前でいなくなってしまった大好きな人形を探そうとするでしょう。そして，こうした学習活動を繰り返していくうちに，子どもたちは「どうやら先生が棚の引き出しに入れたものは，引き出しを開ければそこに『ある』はずだ」ということが分かってきます。

このように，必ずしも「ある」という言葉を理解したり，使えるようになったりする能力を獲得できなくても，「何となく（身体的・感覚的に）そこにあるはず……」ということは分かるようになります。筆者は重度障害児がこうした理解ができるようになるだけでも，深く学んでいると捉えられるのではないかと考えています。

聞くこと・話すこと	書くこと	読むこと

高等部　国語科　学習指導略案と学習評価

キャッチコピーで商品紹介～表現を工夫して伝えよう～

❶ 本時の目標

○商品に合ったキャッチコピーを考え，その理由を分かりやすく伝えることができる。　　(B)

○商品の特徴やよさを表現できるようなキャッチコピーを考えて自信をもって伝えることができる。　　(F)

○体験して感じたこととその理由について相手を意識して伝えることができる。　　(Q)

○商品に興味をもち，感じたことやその理由を考えて分かりやすく発表することができる。

(R)

○商品を紹介するということに気持ちを向けて，体験して感じたことを簡潔に伝えることができる。　　(T)

○友達の意見を自分の考えに取り入れようとする。　　(学・人)

❷ 準備・資料

　スピーチカード，ワークシート，本日の商品（果物），商品棚，エプロン

❸ 展開

⇒育成したい資質・能力

時刻	学習内容・活動	支援上の留意点
9:40	1　挨拶をする。	・姿勢よく挨拶できるようにすることで，授業の開始を意識できるようにする。
9:41	2　日替わりスピーチをする。 〈話題カード例〉 好きな飲み物　　好きな果物 好きな色　　　　好きな香り 昨日のデザート　今日の朝ごはん	・カードを選択してスピーチの内容を決めることで，話題に応じて話す力を高めるようにする。 ・話題カードは，本時の学習内容と関連するものにすることで，次の活動の手掛かりとなるようにする。 ・話題とその理由を話すようにすることで，話題について深く考えられるようにする。
9:46	3　本時の学習内容を知る。 (1)前時までの学習を振り返る。 (2)本時の学習内容を知る。	・前時の学習を振り返ることで，キャッチコピーについて確認できるようにする。 ・前時までに考えた商品をキャッチコピーとともに商品棚に提示しておくことにより，キャッチコピーのイメージをもてるようにする。

	果物のキャッチコピーを考えて，お客様に商品の紹介をしよう。	・本時の商品を伝えることで，学習への見通しをもてるようにする。 ・商品についての説明や特徴についてやり取りをすることで，商品についての関心を高め，意欲的に取り組めるようにする。 ・ Q には，個別に本時の活動を確認することで，学習への意欲を高めるようにする。 ・ T には，個別にやり取りをしながら共感的に関わることで，学習に気持ちを向けるようにする。
9：51	4　商品のキャッチコピーを作る。 (1)商品を確認する。 　　〈本日の商品：パイナップル〉 〈キャッチコピー例〉 ジューシーなフルーツ 幸せの味　甘酸っぱい香り (2)体験をする。 (3)キャッチコピーを考える。	・広告のコピーや教師の考えたキャッチコピーを伝えることで，本時のキャッチコピーのイメージを広げられるようにする。 ・実際の果物を触ったり，細かくした果物の匂いを嗅いだりすることで，キャッチコピーを考えられるようにする。 ・ F には，個別にキャッチコピーのアイデアを聞き取りすることで，自信をもって活動に取り組めるようにする。 ・ワークシートにキャッチコピーとその理由を書くようにすることで，発表するときのメモになるようにする。 ・キャッチコピーが浮かばないときには，自分で調べたりキャッチコピー例から選んだりして，その説明を考えられるようにする。 ・ B には，個別に感想を確認することで，キャッチコピーの言葉を考えられるようにする。
10：03	5　キャッチコピーを使って商品の紹介をする。	・T2が店員役になりきって発表するやり方を示すことで，学習の見通しをもてるようにする。 ・ R には，教師のやり方に注目するように言葉掛けをすることで，発表のやり方が分かるようにする。 ・エプロンを着用して店員を演じながら商品を紹介することで，伝える楽しさを味わえるようにする。 ・生徒の発表したキャッチコピーをすぐに板書して提示することで，友達のキャッチコピーの内容を再確認できるようにする。 ⇒商品に合ったキャッチコピーを考え，理由を分かりやすく伝えることができたか。　　〈観察〉（B）

			⇒商品の特徴やよさを表現できるようなキャッチコピーを考えて自信をもって伝えることができたか。　　　　　　　　　〈観察〉（F）
			⇒体験して感じたこととその理由について相手を意識して伝えることができたか。　　〈観察〉（Q）
			⇒商品に興味をもち，感じたことやその理由を考えて分かりやすく発表することができたか。　　　　　　　　　　　　　　　〈観察〉（R）
			⇒商品を紹介するということに気持ちを向けて，体験して感じたことを簡潔に伝えることができたか。　　　　　　　　　　　〈観察〉（T）

（表の続き）

・友達のキャッチコピーの面白かったところ等に印を付けながらお互いに発表できるようすることで，楽しく伝え合えたことを実感できるようにするとともに，気付いたことをみんなで共有できるようにする。

| 10:27 | 6　本時のまとめをする。
(1)本時の活動を振り返る。
(2)次回の商品を聞く。
(3)挨拶をする。 | ・本時でがんばったことやできたことを一人ずつ称賛することにより，本時の達成感を味わえるようにする。
・次回の商品を伝えることで，次時への意欲を高めるようにする。 |

❹ 目標（資質・能力）に準拠した評価

生徒	学習指導案上の評価の視点	授業後の評価
B	商品に合ったキャッチコピーを考え，その理由を分かりやすく伝えることができたか。　　　〈観察〉	パイナップルの円い切り口を夜空の星に見立て，「パイナップルはいいにおい　黄色に輝く星空」というキャッチコピーを考えて「まるで星のようです」と理由も添えて発表することができた。
F	商品の特徴やよさを表現できるようなキャッチコピーを考えて自信をもって伝えることができたか。　　　〈観察〉	パイナップルの匂いや切り口の形や色から満月を連想してみんなの注目を集めそうな「黄金にかがやく甘酸っぱいスーパームーン」というキャッチコピーを考えてはっきりとした声で発表することができた。

Q	体験して感じたこととその理由について相手を意識して伝えることができたか。　　　　　　〈観察〉	パイナップルの切り口に顔を近付けたときに感じた冷気と見た目の美味しさを伝えるために「食べたくなる　つめたいいいにおい」というキャッチコピーを考えてパイナップルを持ちながら，みんなに紹介するように発表することができた。
R	商品に興味をもち，感じたことやその理由を考えて分かりやすく発表することができたか。　　〈観察〉	パイナップルの手触りや匂いを何度も確認して，自然の果物ということを感じ「ジャングルのめぐみ　さわやかな味」というキャッチコピーを発表することができた。
T	商品を紹介するということに気持ちを向けて，体験して感じたことを簡潔に伝えることができたか。　　　　　　〈観察〉	パイナップルを持ち上げたり切り口を触ったりしながら興味をもってキャッチコピーを考えていた。「はじめてたべた。おいしいぜ」という自分の率直な感想を発表することができた。

❺ 学習単元を評価するエピソード記述

「あぁ…そうか。」

〈学習活動と育成したい資質・能力〉

　自己紹介をし，自分の好きなものを友達に伝える。

　→「理由」の意味を考え，話したいことを簡潔にまとめる。

〈学習の様子＝エピソード記述による評価〉

　新しいグループになったので，自己紹介を兼ねて自分の好きなものを発表する学習を行った。ワークシートに好きなものを記入し，その理由についても考えて整理してから発表するように伝えた。自分の経験したことや好きなものを話すことが好きなため，すぐに「○○のおにぎり」と答えが出てきたが，次に理由の欄を読み，手が止まった。理由を聞かれていることは理解しているようだが，よい答えが思いつかないためか理由の欄への記入はなかなか進まなかった。考えている表情だったので最初はあえて見守るようにしたが，少し経ち，消しゴムを転がしたり鉛筆に話し掛けたりし始めたので，「理由は思いついたかな」と言葉を掛けた。しかし，答えに結びついていなかったことと文具に興味が向いていたためか言葉掛けについての返答はなかった。その後，独り言のように「あとは○○のお弁当と，○○の唐揚げもおいしいよね。あとは…」と好きなものを羅列したり，今朝食べたものに話が移ったりしていた。そこで教師が話を戻すため，「おにぎりおいしいよね」と言葉を掛けた。すると「うん，おいしいよねぇ」と答えが返ってきた。おにぎりを好きな理由についてに考えを戻そうと思い，好きな具や大きさや形についてやり取りすると話はおにぎりに戻ったので，今がチャンスと思い，「○○のおにぎりにあとはどんなよいところがある？」と質問すると，「ご飯が炊きたてで温かくておいしいんだよ」との答えが返ってきた。「それはよい理由だね」と返して，よい理由に気付いた

ことを分かってほしいと思い，教師が記入途中のワークシートを覗き込むようにすると，「あぁ……そうか」と言いながら，理由の欄に「ご飯が炊きたてで温かくておいしいから」と記入することができた。発表の際には自分から挙手し，話がそれることなく好きなものとその理由について自信をもって発表していた。

「理由だよね…そうだ！」

〈学習活動と育成したい資質・能力〉

授業のテーマから，自分が友達に伝えたいことを考えて発表する。

→日々の実践から友達に伝えたい内容を考え，その理由を説明する。

〈学習の様子＝エピソード記述による評価〉

「運動」というテーマで自分が気を付けていることや大切だと考えていることを友達に伝える学習を行った。前回同様にワークシートを用い，内容を十分に整理してから発表するように伝えた。最初に教師が手本として「水分補給を忘れない」という内容を水筒を飲む実演を交えて発表すると，「僕もそれがいいんだよ」と言い，教室から水筒を持ってきて笑顔で席に戻って自分からワークシートに書く準備を始めた。ワークシートにはすぐに「水筒でこまめに水分を摂る」と記入することができたが，前回と同じように理由の欄の記入になると手が止まり，水筒の中身の話をし始めた。水筒の中身を羅列することが予想できたので，教師が「前の時間はどんなことしたんだっけ？　○○の話をＢさんとしたような……」と前回記入したワークシートを見るふりをすると，教師が持っているワークシートを覗き込み，「あぁ，理由だよね。分かるよ」と言って理由の欄に目を向けて自分で気持ちを切り替えて考え始めた。「いっぱい飲むといいよね」「暑いときはたくさん飲みたくなる」等，独り言を言いながら考えていたが本人が納得する答えではなかったようで記入はしなかった。そこで，教師が答えを見つけられず集中が途切れてしまう前にヒントを出して集中を継続させたいという思いから，「飲むとどうなるのかな」と質問すると，少し動きが止まって考えた後に目をキラキラさせて「すっきりするよ。そうだ。心と体がすっきりするんだよ」と言ってワークシートに記入し始めた。一人で最後まで書きたい答えにたどりつくことは難しかったが，前回の学習から，どのような回答が理由として適切なのか考えながら（意識しながら）取り組むことができていた。発表の場面では，自信をもって一番に挙手をし，運動のときには「心と体がすっきりするから水分補給を忘れない」と内容を整理し，発表することができた。

「そうだよね，それだよね。」

〈学習活動と育成したい資質・能力〉

商品のキャッチコピーを考えて，発表する。

→自分の考えを相手に分かりやすく伝える。

→友達の意見を参考にしたり取り入れたりしながら考える。

〈学習の様子＝エピソード記述による評価〉

　菓子を試食し，そのキャッチコピーを考えて友達に伝える学習を行った。キャッチコピーについて身近な商品等を例に出して説明した後で，キューブ型のチョコレートのキャッチコピーを考えるようにした。初めての活動で緊張もあり，友達の発表の様子を見ていたが二人終わったところで挙手をした。試食をした後に「サイコロが口の中でとろける」と考えて発表をし，自分から「理由は柔らかくてとろけそうだからです」と自分なりに工夫して説明していた。発表時に思いつくまで時間が掛かったためか，うまく説明できなかったと思ったようで，席に戻ってから「甘くておいしい」「初めてのチョコ」などと独り言のようにつぶやいていた。そこで，自分でたりないと感じている部分を他の友達の意見を聞いて参考にしたりよい表現を友達から見つけたりしてほしいと思い，教師が「友達の発表を聞いてみようか」と言葉を掛けた。発表者ＦはＢと仲がよく，信頼している。Ｆということもあり真剣な表情で耳を傾けていた。Ｆの「ミルクとビターをダブルで感じる」というキャッチコピーを聞いた瞬間に「そうだよね，それだよね。ダブルなんだよ」と目を輝かせて再度考え始めた。頭の中に言いたいことはあったようだが，「ダブル」という言葉に気持ちが向き始めているように見えたので，話を戻すため，教師が「何と何がダブルなの？」と質問すると，少し考え込んだ後にワークシートに記入し始めた。ワークシートには「チョコのミルクとコーヒーが合う」と記入してあり，「ダブル」の意味を「セット」のような意味合いで捉えていたようであったので，意味については授業後に説明をした。記入した後は「どうだ？」と満面の笑みを浮かべており満足した表情だった。教師に「いやぁ，Ｆさんはよいこと言うね」とうれしそうに話していた。Ｂは，友達の意見から自分の考えを広げ，考えをまとめてうまく伝えられたことに満足したようだった。

❻ まとめ

　Ｂは，単元が始まった頃は，質問に対して「○○が好きです。○○も好きだし……」というように自分の伝えたい内容をたくさん表現する反面，理由等を考えて話したいことを整理することが難しかった。そのため教師は，逸脱しそうになるＢの学びに言葉掛けをするなど臨機応変に対応し，学習を成立させることが必要だった。それとともに，ワークシートで話を整理したり，様々な友達の発表の様子を見たりすることで，内容を整理してから話をすると相手に伝わりやすいということに気が付くことができるようにした。さらに，自分の話に対して友達から「僕もだよ」などと共感されたり，質問されたりする経験から，話が相手に伝わる喜びに気付くこともできた。また，「自分の好きなもの」や「商品のキャッチコピー」を伝える学習を繰り返し行うことで，話す際に自分の経験や自分が思ったことを含めた文にすると相手に伝わりやすくなることに気付き，伝えたいことの羅列から伝えたいことを整理しようとする意識をもつことができるようになってきた。このような学習を通して，学びが深まり，自分の伝えたいことを整理して表現する力が養われたと考える。

（齋藤　環，小野　貴史）

数量の基礎	数と計算	測定	図形	データの活用

小学部 算数科 学習指導略案と学習評価

3人が作る！〜長さを比べよう〜

❶ 本時の目標

○端をそろえて具体物の長さを比べ，一番長いものを答えることができる。 (M)

○色や太さ等の異なる具体物の中から，同じ長さのものを見つけることができる。 (O)

○長さを間接比較するための方法を，自分で選ぶことができる。 (N)

○家具を作るために，必要な長さを比べたり測ったりしようとする。 (学・人)

❷ 準備・資料

木材，発泡スチロールの棒，筒，注文書，発泡スチロールの板，ブロック，紙テープ，振り返りシート

❸ 展開

⇒育成したい資質・能力

時刻	学習内容・活動	支援上の留意点
9:30	1　本時の学習内容を知る。 (1)始めの挨拶をする。 (2)「長い」，「短い」の言葉の確認をする。 (3)本時の学習内容を知る。	・挨拶の前に姿勢を正すように言葉掛けをすることで学習が始まることを意識できるようにする。 ・イラストや教師の身体表現を見せ，それが「長い」か「短い」かを確認していくことで，いろいろなものの長さに着目できるようにする。
9:35	2　道具の準備をする。 (1)見本と同じ長さのものを見つける。 (2)長さを比較し，一番長いものを見つける。	・箸や鉛筆などの，児童にとって身近なものの長さを比べるようにすることで，日常の中の長さにも気が付けるようにする。 ・Mには，見本となるものの横に並べて長さを比べるようにすることで，長さの違いに注目して見本と同じ長さのものを見つけることができるようにする。 ・Nには，長さを間接比較するための様々な道具を教師と一緒に使ってみることで，自分で試しながら何を使えばよいのか気付けるようにする。 ・Oには，長さを比べる際に，基準となる線を机上に記すことで，自分で端をそろえることに気が付けるようにする。
9:45	3　家具を作る。	・お客さんから依頼された家具をみんなで作るというストーリーを，イラストを交えて話すことで，意

	三人の大工さんのところに，お客さんが来ました。注文は，あしが長いテーブルです。三人で作ってみよう。	欲をもって学習に取り組むことができるようにする。 ・Ⓜには，端をそろえるための教具を使用することで，自分で端をそろえて長さの違いを見ることができるようにする。

> ⇒端をそろえて具体物の長さを比べ，一番長いものを答えることができたか。　　　　〈観察〉（M）

	(1)同じ長さの脚でテーブルを作る。 ・たくさんの素材の中から，見本と同じ長さの脚を一人１本ずつ見つけてテーブルに付ける。 (2)一番長い脚を探してテーブルを作る。 　①一番長い脚を見つける。 　②①で見つけたものと，同じ長さの脚を見つける。 　③脚の長さを調べて，お店に買いに行く。 　④テーブルを組み立てる。	・Ⓞには，見本と同じ長さの筒に調べたいものを入れて長さを確認できるようにすることで，見本と同じ長さの棒を見つけられるようにする。

> ⇒色や太さ等の異なる具体物の中から，同じ長さのものを見つけることができたか。　　　　　　　〈観察〉（O）

・間接比較に使える様々な道具をⓃの周りに置いておくことで，自分から使いたい道具に気付いて選び，教師に伝えられるようにする。

> ⇒長さを間接比較するための方法を，自分で選ぶことができたか。　　　　　　　　　〈観察〉（N）

10:05	4　本時のまとめをする。 (1)ワークシートで本時の振り返りをする。 (2)次時の学習内容を知る。 (3)終わりの挨拶をする。	・簡単な復習問題と自己評価ができるワークシートを準備することで，本時の学習を視覚的に振り返ることができるようにする。 ・できたことを称賛しながら次時の活動内容を伝えることで，自信をもって次時の学習に取り組むことができるようにする。

❹ 目標（資質・能力）に準拠した評価

児童	学習指導案上の評価の視点	授業後の評価
M	端をそろえて具体物の長さを比べ，一番長いものを答えることができたか。 〈観察〉	長さを比べるものを，ブックスタンドに立てかけるなどすることで，端をそろえられることが分かり，一番長いものを答えることができた。
O	色や太さ等の異なる具体物の中から，同じ長さのものを見つけることができたか。 〈観察〉	幅や色が違う様々な木材の中でも，端をそろえて置くことで，長さのみに注目することができ，同じ長さのものを見つけることができた。

N	長さを間接比較するための方法を，自分で選ぶことができたか。　　　〈観察〉	ブロックや紙テープの中から，自分でブロックを選び，「ブロック○個分」という任意の単位で長さを測ることができた。

❺ 学習単元を評価するエピソード記述

「長いのはこれだ！！」

〈学習活動と育成したい資質・能力〉

3種類のものの長さを直接比較し，一番長いものを見つける。

→端をそろえると，長さの違いが分かりやすくなることを知る。太さや色等の異なるものの長さを直接比べることで，長さの属性への意識を高める。

〈学習の様子＝エピソード記述による評価〉

鉛筆，ペン，木の棒の長さ比べを行った。端をそろえた状態で机の上に並べると，「一番長いのはどれ？」という問い掛けに，すぐに一番長い鉛筆を取ることができた。長さを視覚的に判断できるように提示すると正しく答えることができたことから，長さの比較に関する基本的な理解ができていると思われた。そこで，今度は直接比較をするためには端をそろえるということの理解を確認するため，比べるものを変え，向きをばらばらにして置いてから同じ質問をした。「ん？」と少し悩んだ結果，2番目に長い木の棒を選んだ。このことから，比較の際に見た目の印象に流され，端をそろえて比較するという理解が十分でないことが伺えた。そこで，教師が机にテープを貼り，一本だけテープ上に端をそろえて置いてみる。すると確認するかのように教師の目を見てから，残りの2本をその隣にそろえて置いた。端がそろったことで，長さの違いが視覚的に分かりやすくなり，迷わずに一番長いものを指さすことができた。今度は，理解の確認のために机の上のテープを取ってから，同じように3本を置いた。何かに気付いたようにゆっくりと3本の端を自分なりにそろえて見比べた。そして一番長いものを指さし，にっこり笑って「これ」と答えた。

これまでは，「先が出ている方が長い」という理解のもとで長さを比べることができていた。しかし，今回は端をそろえずに提示したため，これまでの概念で比べられず，感覚的に一番太いものを選んだのではないか。教師がヒントを示すことで，「対象物を動かせば比べられる」ことに気付き，自分から端をそろえて比べることができたと考えられる。

「ブロックでかいけつ！！」

〈学習活動と育成したい資質・能力〉

プリントの縦と横の長さを比べる。

→「ブロック○個分」などの任意単位を用いて長さを表すことができることを知る。

〈学習の様子＝エピソード記述による評価〉

前時に，教師と一緒に机の縦と横の長さを，「ブロック何個分」に置き替えて表す学習をし

た。そこで本時は，プリント学習が終わってから，「それじゃあ，このプリントのここ（縦）とここ（横）はどちらが長い？」と，縦辺と横辺を指でなぞりながらあえて偶発的に発問した。すると，少し考えるようにしてから机に伏してしまった。どちらが長いかは感覚的に分かっているが，比べ方が分からず自信がないように見える。そこで，活動に対するきっかけづくりとして，教師が前回使ったブロックを側に置いた。すると，ぱっと顔を上げ，前回と同じように机の端にブロックを並べ始めた。すべて並べてそれぞれがブロック何個分かを答えられたことから活動に向かう姿勢ができたことを確認できたので，「プリントはどうかな？」と言葉掛けをすると，少し考えてからプリントの端に一個のブロックを合わせて教師の顔を見た。笑顔で頷くとうれしそうに残りのブロックも置いて個数を数え，「4個と5個はどっちが長い？」と聞くと，迷わずに「こっち」と横の辺を指さした。

　何となく答えは分かっているものの，急な質問に自信がなくて机に伏してしまったN。しかし，前回成功体験を積んだブロックを取り出したことで，机の縦と横を比べたことを思い出し，「これならできる」と顔を上げることができたのではないか。そして，前回と同じように机の縦と横を自分なりの方法で比べた直後にプリントに意識を向けられるような言葉掛けをすることで，同じように比べられることに気付いたのだと考えられる。今後は，ブロックを並べて長さを測る方法もあると分かることで，Nが自信をもって様々な長さを測ろうとする態度を育てたい。

「これも長さなんだ！！」

〈学習活動と育成したい資質・能力〉

　様々なものの長さを比べる。

　→自分の身の回りには様々な長さがあるということに気付く。太さや色等の異なるものの長さを直接比べることで，長さの属性への意識を高める。

〈学習の様子＝エピソード記述による評価〉

　自分の名前を書く活動に取り組んでいたときのこと。丸付けをしたいと赤ペンを借りに来たので，長さへの意識がどのくらい定着しているかを確認するために，いつもよりも細くて長い赤ペンを渡してみた。赤ペンを持つと「でっかい！」と一言。量に関する感覚的な理解はできているので，適切な言葉に気付けるように，「いつもよりも長いペンだよね」と返事をした。すると，突然名前のプリントを立てて，ペンとプリントの長さを比べ始めたので，「どっちが長い？」と聞くと，楽しそうに「プリント！」と答えた。その後，友達が使っているサインペンに目を付け，友達のところに行って「どっちが長い？」と言って自分の赤ペンと友達のサインペンをそろえて長さを比べ始めた。赤ペンが長いことが分かると，「こっちが長い」と赤ペンを教師に示してうれしそうに笑った。

　いつもとは異なる赤ペンを見て「でっかい」と言った言葉を，さり気なく「長い」と言い換えて返したことで，「これも長さなんだ」と気付き，プリントや友達のペンと長さ比べ始め

たものと考えられる。教師が提示する教材だけではなく，自分の身の回りにも「長さ」が溢れていると気付いた瞬間と見て取ることができる。授業の後も，Ｎが身の回りの様々なものの長さを比べて楽しむ姿が見られた。

❻ まとめ

　様々な具体物の長さを比べていく中で，身の回りの「長さ」に気付き始めたＮ。比べるものの端をそろえることや，直接比較ができないものは「ブロック○個分」で比べることができることなどを，自分で操作し，試行錯誤しながら学んできた。その過程の中で，教師の役割として気を付けたことは，直接「教える」ということを極力控えることだった。タイミングを見計らって視点が変わるような言葉掛けやヒントを投げ掛けることで，児童の気持ちに波紋が生じ，思考がつながることで自分なりの気付きに至ったと考えられる。また，自分の身の回りに様々な「長さ」があると気付くと，それまでは教師が机の上に提示したものの長さのみを比べていたＮが，友達のところに行き，友達と長さ比べをする姿が見られるようになった。これは，児童にとっての「長さ」が，机上から教室の中へと広がったものと考える。今後は，その気付きをさらに広げ，学んだことをＮの生活へと結びつけていきたい。

（橘　乃布衣，永盛　好貴）

数量の基礎	数と計算	測定	図形	データの活用

中学部　数学科　学習指導略案と学習評価

ふとくストアで働こう〜いろいろな式のよさを感じよう〜

算数・数学
中学部

❶ 本時の目標

○自分がやりやすい求め方を考えて式を立てることができる。　　　　　　　　　　(C)

○式の意味を言葉で説明することができる。　　　　　　　　　　　　　　　　　　(H)

○状況に応じて計算の方法を選択し，答えを求めることができる。　　　　　　　　(R)

○いろいろな求め方のよさに関心をもち，次の場面で生かそうとする。　　　　(学・人)

❷ 準備・資料

ホワイトボード，ペン，マグネット，ワークシート，バインダー，学習ファイル，商品，箱
等

❸ 展開　　　　　　　　　　　　　　　　　　　　　⇒育成したい資質・能力

時刻	学習内容・活動	支援上の留意点
9:30	1　本時の学習内容を知る。 (1)始めの挨拶をする。 (2)前時の学習を振り返る。 (3)本時の目標・学習内容を知る。 商品の在庫数を調べよう。	・正しい姿勢で挨拶をすることで，学習の始まりを意識できるようにする。 ・前時の学習を振り返り，ふとくストアの在庫調べのやり方を確認することで，いろいろな式の立て方があるということに気付き，学習の見通しをもつことができるようにする。
9:40	2　開店準備をしよう。 (1)朝礼をする。 (2)在庫記録表に記入する。	・教師が店長，３人が店員となり，エプロンを着て名札を付けて朝礼をすることで，意欲を高められるようにする。 ・在庫数調べを行う際に，生徒が担当する種類ごとに商品を配置することで，生徒３人がそれぞれ同時に調べられるようにする。 ・半具体物を用意することで，並べ直したり指さししたりして自分のやり方で数を調べることができるようにする。

		⇒状況に応じて計算の方法を選択し，答えを求めることができたか。　〈観察〉（R）
	(3)店長に報告する。	・図や式を見せながら一人ずつ報告する場を設定することで，友達のやり方のよさを知ったり自分の考えとは違う式の立て方が分かったりするようにする。 ・ H には，式を説明する際に，手元の既習内容のまとめを参考にすることで，言葉で説明することができるようにする。
		⇒式の意味を言葉で説明することができたか。　〈観察〉（H）
	(4)残りの商品の在庫を調べる。	・ C には，スモールステップとなっている問題を用意することで，これまでの解き方を参考にして調べることができるようにする。
		⇒自分がやりやすい求め方を考えて式を立てることができたか。　〈ワークシート〉（C）
		・ H には，式の意味を説明する際に，教師とやり取りして確認することで，言葉で説明することができるようにする。 ・ R には，多様な状況の課題を用意することで，いろいろな式を用いて，答えを求めることができるようにする。
10:10	3　本時のまとめをする。 (1)本時の振り返りをする。 (2)次時の学習内容を聞く。 (3)終わりの挨拶をする。	・本時の学習を振り返ることで，本時の学習の達成感を味わうことができるようにする。 ・終わりの挨拶をすることで，学習の終わりを意識できるようにする。

❹ 目標（資質・能力）に準拠した評価

生徒	学習指導案上の評価の視点	授業後の評価
R	状況に応じて計算の方法を選択し，答えを求めることができたか。　〈観察〉	20枚入りのコピー用紙の袋がいくつあるかを数える際，五つで100枚のまとまりを作り，100×4と残りの3袋分を合わせて　100×4＋20×3＝460　と求めることができた。

H	式の意味を言葉で説明することができたか。〈観察〉	４×８－３の式を、「縦に４本ずつ，横に８列並んだペットボトルの３本が抜けているので，全部あるときの32本から，ない部分の３本を引いて，29本です」と説明することができた。
C	自分がやりやすい求め方を考えて式を立てることができたか。〈ワークシート〉	「１箱あたり12個ずつ×７箱分」なので12×７という乗法の式を立てることができた。

❺ 学習単元を評価するエピソード記述

｜「あっ！」

〈学習活動と育成したい資質・能力〉

　同じ数ずつ並んでいる半具体物の数を求める式を立てる。

　→同数累加の式と乗法の式を立てて計算する。

〈学習の様子＝エピソード記述による評価〉

　Cは，同数累加の「２＋２＋２＝６」の立式は簡単にできるものの，乗法の立式をするときには，計算機を使って，答えが「６」になる乗法（２×□）を探し，積が６になる数字の組み合わせを見つけてから乗法の式を書いていた。この日も，前日と同じように「計算機を貸してください」と教師に言って借りようとした。しかし，教師は，今日は使わないでやるように伝えた。ものが二つずつ３列並んだ図を見て，機械的に出てきた数字を当てはめて「２＋３」と式に書き込んで，加法で求めた数とイラストの数を比較して何か違うと思っているのか手が止まっていた。そこで教師が，加法か乗法か考えさせるために「それでいいのかな？」と言葉を掛けた。すると考えた後，イラストの「列」と「行」に着目し，乗法であることに気付き「あっ！」とつぶやいて，「２×３」と書き直し，「ふう」と息を吐いた。そして，別の求め方として「２＋２＋２＝６」と同数累加の式を二つ目の求め方として書き足した。さらに自信をもってもらいたいと考え，教師が「掛け算と足し算の二つ式が立てられたね」と言葉を掛けると，「かけ算（九九）は頭の中に入っているから」と自信に満ちた表情で答えた。

　計算機を使えなくなったことで，「２」と「３」の数字を使って加法の式を立てたものの答えが「５」になり，実際の数は「６」なのにと，試行錯誤したものと考えられる。そのような中で，教師が「２のまとまりがいくつあるか」等と友達とやり取りしている言葉を聞いて，加法ではなくて乗法で立式することに気が付き，書き直すことができたと考えられる。

｜「２人ずつ×３本分だから……」

〈学習活動と育成したい資質・能力〉

　文章やイラストなどを見て，シチュエーション通りに半具体物を操作しながら立式する。

　→半具体物を操作することで，乗法への理解を深める。

〈学習の様子＝エピソード記述による評価〉

　Ｃは，忍者２人ずつが，３本のロープにつかまって忍術の修行をしているイラストを見て，マグネットを操作しながら，２のまとまりを三つ分作っていた。教師は，シチュエーション通りに半具体物を操作できているため「式はどうなるの？」と質問してみた。Ｃは，「３×２です」と答えた。すると，友達が手を挙げて「２×３です」と発言した。Ｃの立式は，正しい答えは導けるものの「１あたりの数×いくつ分」という乗法の理解が十分に図られていないと思われた。そこで「１あたりの数×いくつ分」という立式の仕方についての気付きを促すために，教師が「どうして２×３なの」と問うと，「１本に２人ずつで，３本あるから２×３です」と答えた。その説明を聞いて，Ｃは，２のまとまりが三つ分だということに気付き，すぐに「２×３」と式を言い直した。そこで乗法への理解を深めるために教師が，「そうだよね。２人ずつが３本だから２×３になるね」とマグネットを操作しながら説明した。この例題でのやり取り以降，乗法への理解が深まり，プリントでの学習では立式する前に，例えば，「１本に○人ずつ，○本分だから，全部で○人」というように「１あたりの数×いくつ分」という板書のヒントをもとに，数字を記入するようになった。

　これまでは，問題を見て数字を見つけ「○×△」というように数字を当てはめていたが，今回の授業で，友達の考え方を聞くことで，「１あたりの数×いくつ分」で全部の数を求めるものであるという，乗法について理解が深まったと考えられる。また，板書をヒントにすることで自信をもって式を立て，答えを導き出すことができるようになったと考える。

「なるほど！そんな考え方もあるんだな。」

〈学習活動と育成したい資質・能力〉

　スーパーマーケットで働く場面を設定する。

　今まで学習したことを活用して，自分なりの計算の仕方を工夫する。

　→いろいろな計算の仕方があることに気付き，日常生活の中で生かすことができる。

〈学習の様子＝エピソード記述による評価〉

　スーパーマーケットの店員となって，倉庫にある様々な商品の在庫を調べる場面を設定した。Ｃは，箱に入ったままの６本入りのペットボトルを見て，２とびで数え，22本であると求めた。その後，ホワイトボードに，「２＋２＋２＋２＋２＋２＋２＋２＋２＋２＋２＝22」と式を立てて発表した。いろいろな式の立て方があってよいことに気付いてほしいと考え，教師が「この方法もいいね」と伝えたところ，ほっとした表情であった。次に，６本入りの箱が３箱で，箱に入っていない４本を足して「６×３＋４＝22」という式を立てた友達の発表を聞いて，答えは同じだけれども違った式でも求められることに気付いた様子であった。次に，プリントでペットボトル６本入りの箱が５箱あると全部で何本あるかを求める問題に挑戦した。名前を書いている間に友達の「できました」の声と，教師の「早いね」の声に，「あっ（出遅れた）」とつぶやいて，早く求めようと問題に取り組み始めた。すると，「１あたりの数×いくつ分」と

いう乗法の式の意味を思い出し，「6×5＝30」と乗法ですぐに本数を求めることができた。その後すべて乗法を使って求め，振り返りの際には，「かけ算は使いやすいから。便利だから」と自信をもって答えた。

　正確に数を求められればどのやり方でもよいという中で，はじめは2とびで数えたが，箱に入っている6本のまとまりで考えると便利なことに友達のやり方を見て気付いたようであった。

❻ まとめ

　Cは，乗法の学習が始まった頃は，九九は暗記しているものの，乗法の意味が理解できずに，実際の場面や授業の中で乗法をどのように活用していけばよいのか分かっていなかった。しかし，丁寧に学習していく中で，友達のやり方を見聞きすることや，これまでの学習でのまとめの掲示物を見ることで，自分で乗法や加法の式を立て，言葉で説明できるようになった。乗法の意味が理解できるようになったので，より実生活で活用してほしいと考え，スーパーマーケットで働くという場面を設定した。その際，商品の在庫を自分なりの求め方で確認するようにした。答えは同じであっても，式の立て方や考え方が違う友達の意見を聞くことで，状況に応じてどのような式を立てると早く計算することができるのかにも気付くことができた。

　このような学習を通して，いろいろな式の立て方や数の見方があるということが分かり，日常生活の事象を，数学的に捉えて表現したり，処理したりする態度が養われたと考える。

（広野　正樹）

| 数量の基礎 | 数と計算 | 測定 | 図形 | データの活用 |

高等部　数学科　学習指導略案と学習評価

Q 極クエスチョン ～身の回りのパーセンテージを探そう～

❶ 本時の目標

○友達の意見を聞き，自分の考えをまとめて伝えることができる。　　　　　　　　(A)

○円グラフの特徴について意見を発表することができる。　　　　　　　　　　　　(G)

○おうぎ形シートを組み合わせて円グラフを作ることができる。　　　　　　　　　(P)

○円グラフから分かることを伝えることができる。　　　　　　　　　　　　　　　(S)

○身の回りのパーセンテージで表された事象を探そうとする。　　　　　　　　(学・人)

❷ 準備・資料

円グラフシート（10％，20％おうぎ形シート），アンケート集計表

❸ 展開

⇒育成したい資質・能力

時刻	学習内容・活動	支援上の留意点
10:30	1　本時の学習内容を知る。 (1)始めの挨拶をする。 (2)前時までの学習を振り返る。 (3)本時の学習内容を知る。 ┌─────────────┐ Q 極クエスチョンの結果を円グラフで表し，「高等部の先生は…」で始まる意見を考えよう。 └─────────────┘	・前時に作成したグラフ等を提示しながら，本時の学習内容を伝えることで，生徒が見通しをもって学習に取り組むことができるようにする。 ・具体的な意見を例示しながら目標を提示することで，生徒が自分なりの意見を考えながら学習に取り組むことができるようにする。
10:35	2　アンケートを分析する。 (1)円グラフを作成する。 (2)自分の意見をメモする。	・アンケートを分担して分析することで，P が自分で考えながら集計することができるようにする。 ┌─────────────┐ ⇒おうぎ形シートを組み合わせて円グラフを作ることができたか。　　〈観察・ワークシート〉(P) └─────────────┘ ・グラフの着眼点のヒントをワークシートで提示することで，グラフから分かることを自分なりの言葉でメモすることができるようにする。 ・メモした内容や理由について個別に質問しやり取り

		することで，生徒が話し合いに向けて自分の意見をまとめることができるようにする。
10:50	3　「高等部の先生は」討論をする。 (1)「高等部の先生は…」で始まる意見を発表し合う。 (2)自由に話し合う。 　・友達の意見で参考になった部分。 　・自分だけが気付いたこと。 　・違うなと思ったところ。	・円グラフとメモを机上に置き，自由に見て回るようにすることで，他のグラフや意見を見ながら自分の意見を改めて見直すことができるようにする。 ・机の配置を弧の形にすることで，自由に意見を言うことができる環境づくりをする。 ・生徒のメモの中で鍵となる意見を取り上げたり，意見の例を伝えたりすることで，G　S が自分の意見を伝えることができるようにする。 ・参考になる意見を板書したり意見が出揃ったところで発表を促す言葉掛けをしたりすることで，A が考えを伝えることができるようにする。 ・前時のグラフを提示したり「5人のときはどうでしたか」と言葉掛けしたりすることで，本時のグラフの特徴に気付くことができるようにする。

> ⇒友達の意見を聞き，自分の考えをまとめて伝えることができたか。　〈観察・ワークシート〉（A）

> ⇒円グラフの特徴について意見を発表することができたか。　〈観察・ワークシート〉（G）

> ⇒円グラフから分かることを伝えることができたか。　〈観察・ワークシート〉（S）

| 11:10 | 4　本時のまとめをする。
(1)　本時の振り返りをする。
(2)　自己評価を記入する。
(3)　次時の学習内容を知る。
(4)　終わりの挨拶をする。 | ・生徒のよかった点などを称賛することで，本時の学習内容への自信や次時への意欲を高めることができるようにする。
・円グラフ作成と意見交換について評価できるワークシートを提示することで，生徒が自分で振り返ることができるようにする。 |

❹ 目標（資質・能力）に準拠した評価

生徒	学習指導案上の評価の視点	授業後の評価
P	おうぎ形シートを組み合わせて円グラフを作ることができたか。〈観察・ワークシート〉	「Aは○人です」と数えたところで、「10人のうち○人だから…」と言葉掛けされると、「○％！」と正しく答え、シートを組み合わせることができた。
A	友達の意見を聞き、自分の考えをまとめて伝えることができたか。〈観察・ワークシート〉	「先生と私たちの意見が違う…」と友達が言った後、意見を聞くと、「先生と私たちでは、多い意見が違う」と伝えることができた。
G	円グラフの特徴について意見を発表することができたか。〈観察・ワークシート〉	「先生と私たちの意見は、割合が違う」と発表することができた。
S	円グラフから分かることを伝えることができたか。〈観察・ワークシート〉	「先生たちの意見はぼくたちと反対のものが多い」「いろいろな意見があるんですね」と分かったことを伝えることができた。

❺ 学習単元を評価するエピソード記述

「つくば万博の年はつくば市が１位なのかな…」

〈学習活動と育成したい資質・能力〉

表を見ながら棒グラフを作成する。

→表の最小値、最大値から縦軸の目盛りを適切に設定する。省略する方法を活用する。

表、グラフから分かることを伝え合う。

→数値やグラフを見て感じたことを自分の言葉で伝えようとする。

〈学習の様子＝エピソード記述による評価〉

「グラフで茨城を考えよう」という単元で、平成29年度観光客数の棒グラフを見て、意見を出し合った。１位の大洗町が飛び抜けていることに全員が注目する中、Sは「大洗は圧倒的ですね！」と表現し、「つくば万博の年はつくば市が１位なのかな…」とつぶやいた。近い過去だけでなく遠い過去まで想像していて、歴史が好きなSらしい意見だなと感じながら、意見を板書した。「なるほど……じゃあ平成29年より前の大洗はどうだったんだろう。ずっと多かったのかな」と生徒に言葉を掛けながら、平成23年から７年間の観光客数を表にした。すると、Sは「ここ最近の急成長なんですね」「外国人観光客がいると思う」など、活発に意見を発表していた。

表やグラフを読み取るということが、数値そのものだけではなく、数値の裏にあるものを読み取ることだと、Sは理解して発言しているようだった。

「阿見はどうなっているんだろう」

〈学習活動と育成したい資質・能力〉

表を見ながら折れ線グラフを作成する。

→表の最小値，最大値から縦軸の目盛りを適切に設定する。

表，グラフから分かることを伝え合う。

→数値やグラフを見て感じたことを自分の言葉で伝えようとする。

〈学習の様子＝エピソード記述による評価〉

同じ単元で，平成29年度の観光客数1〜4位の4市町について7年間の観光客数の推移を生徒4人で分担して，折れ線グラフで表した。4人のグラフを重ねて黒板に貼り，意見を求めた。つくば市の折れ線グラフを作成したSが，「平成29年度はほぼ一緒ですね」と全体的な印象を述べていた。他の生徒が「ひたちなか市の平成23年度が少ない」「大洗町が富士山みたい」と発言した後Sが「阿見はどうなっているんだろう…」とつぶやいたとき，全員が前時の学習を思い出した。平成29年度の5位はどこだろう，大洗はいつから1位なのだろうという疑問を解消するため，平成23年度までさかのぼって7位まで調べた。平成29年度5位だった阿見町は，平成24年度に最高位の2位になっており，みんなで驚いたのだ。

Sはこの後「人口は関係するのかな…」ともつぶやいた。Sのつぶやきは，目の前のグラフにない数値や背景まで考えたもので，まさにデータを活用し，分析しようとしていた。

「合わせて15人になったら？」

〈学習活動と育成したい資質・能力〉

アンケートの結果を集計し円グラフで表す。

→人数からパーセンテージを考える。

円グラフから気付いたことを伝え合う。

→数値やグラフを見て感じたことを自分の言葉で伝えようとする。

〈学習の様子＝エピソード記述による評価〉

「Q極クエスチョン」と題して，高等部の教師へアンケートをとり，集計した結果を円グラフで表した。生徒は前時に同様のアンケートに答えている。高等部の教師がどう答えたのか，みんな興味津々の様子だった。「もし自分がなるとしたら…A：アンパンマン　B：ジャムおじさん」という質問で，Aが3人，Bが7人という結果になった。5人で集計したときは生徒4人全員がAだったので，「えーー！」とみんな驚いていた。「逆転している…」とSが言った。高等部の教師10人分の円グラフと，前時の5人分の円グラフを並べて貼り，結果を改めて板書した。すると，Sが「じゃあ合わせて15人になったら？」と提案した。「足してみたらいいんじゃないですか？」と言うSは，『いいこと考えた！』という，自信に満ちた表情をしていた。

高等部の教師10人分の中には筆者も含まれているため，単純に15人分にするのは厳密に言うと正しくない。しかし，Sの提案を聞いて私ははっとした。全体数が変わることで何か変わる

のでは，という仮説を立てたから出てきたのではないか，そうであれば提案に沿って割合を出して提示することで新たな気付きが生まれるのではないかと考え，私は15人分で割合を求めて見せた。「へー，違うんだ」と，反応が予想より薄かった。

　合わせてみるという発想は，全体数が変わるとどうなるのだろうという，瞬間にひらめいた疑問だったのかもしれない。あるいは，単純に全体数が多い場合の割合を見たいと思ったのかもしれない。Sなりにデータを分析し，活用するために，新たなデータを生み出そうとしていたとも考えられる。

❻ まとめ

　Sは観光客数のデータから「どこが多いか」という目に見える事実を読み取るだけでなく，「どうして多いのか」「他はどうなのか」という目に見えない背景を考えていた。棒グラフでは，目の前のデータの一位ではなく，昔の一位まで想像し，データの裏を読んでいた。次に学習した折れ線グラフでは，他の市町村のこと，人口のことなど，自ら新たな観点を取り入れ，データを分析していた。目に見えない背景を考えるのは，円グラフになってからも変わらない。「なぜ逆転したのだろう」という考えからさらに発展し，「合わせたらどうなるのだろう」という発想は，データを分析しSなりに新しいデータを作ろうとした結果と言える。データの活用に関する数学的な見方・考え方が広く深くなったことを示していると考える。

　授業を進めるにあたって，グラフを正確に書けることより書いて読み取る中で考えを深め，気付きが生じることを優先してきた。生徒は，棒グラフは数値の大小を比べて見るもの，折れ線グラフは数値の変化を見るものということを，試行錯誤しながらグラフを書き，読み取る中でつかんできた。Sの言葉は教師や友達をはっとさせるものだったが，Sの発言の前には他の友達が意見を出しており，その間Sは友達の意見を聞きながら，自分の意見を頭の中でまとめていることが多かった。友達の意見を受け「ぼくもそう思うなぁ」「ぼくだったら何て言うだろう……」などと思いながら意見を述べていたと考えられる。つまり，Sが1人で意見をまとめて発表したわけではなく，Sの数学的な見方・考え方は，友達との対話の中で広がり深まったとも考えられる。

（桑田　明奈）

お わ り に

　ひたすら文字を書き続ける国語の授業をするよりも，本物の生活を実際的・体験的に学ぶ生活単元学習のほうが知的障害児は言葉を身に付けることができる……。機械的に計算練習をするだけの算数・数学の授業をするよりも，作業学習で作った製品を校外で販売し，実際にお金を使いながら学んだほうが，知的障害児は計算の方法を身に付けることができる……。知的障害児の教育では長い間，こうした考え方が主流でした。

　たしかに知的障害児は，同じ文字を書き続ける漢字練習や，筆算の練習を繰り返しやる計算練習では，すぐに飽きてしまい，学習が続けられない子どもも多くいます。しかし，この議論は，国語や算数・数学が何やら機械的な勉強を強いるものあり，アクティブではなく，つまらない時間であることが前提になっています。でも，本来の教科学習は，世の中のことや自然の法則が「分かる」ことの面白さを味わいながら，生きていく上で役に立つ「知恵」のようなものをたくさん学ぶことができるはずです。そして，このように考えると，知的障害児にも教科学習を主体的・対話的に指導することができると言えるでしょう。

　筆者は，新しく学習指導要領が改訂されたから教科学習を行わなければならないのではなく，もとよりその必要性があったけれども，それが新学習指導要領で強調され，教育課程の中心にすえられるようになったと考えるほうが適切なのではないかと考えています。本書の中で紹介してきた学習指導案や教材は，基本的にこうした考え方にもとづき，知的障害児に教科学習の真の魅力を伝えながら，そうした学びを通して子どもたちの生活が少しでも豊かになることを願って生み出されたものです。

　もちろん，知的障害児が楽しく，そして深く国語や算数・数学を学ぶことができる学習指導案や教材は，本書で紹介したものにとどまりません。学びたい子どもがいて，その子どもたちの思いに応えようする教師がいる限り，学習指導案や教材はこれからもずっと開発され続けることでしょう。本書は，そうした果てのない子どもと教師の営みの一部を切り取って紹介したものに過ぎませんが，本書との出会いをきっかけに，新たな教科指導を切り拓こうと思う人がいたならば，編者としてこれ以上の喜びはありません。

　最後になりましたが，本書を刊行することをご快諾いただき，本書の編集にあたって多くのアドバイスをいただきました明治図書出版および同編集部の佐藤智恵さんに感謝申し上げます。

編著者　**新井　英靖**

【編著者紹介】

新井　英靖（あらい　ひでやす）

茨城大学教育学部教授

東京学芸大学大学院教育学研究科修士課程を修了後，東京都立久留米養護学校教諭を経て，2000年より茨城大学教育学部講師となる。2011年に博士（教育学）の学位を取得し，現在，同学部教授。主な著書に，新井英靖・茨城大学教育学部附属特別支援学校編『特別支援学校新学習指導要領を読み解く「各教科」「自立活動」の授業づくり』（明治図書）などがある。

【著者紹介】
茨城大学教育学部附属特別支援学校
（いばらきだいがくきょういくがくぶふぞくとくべつしえんがっこう）

稲葉　由佳	江間留美子	遠藤　貴則	大村　弘美
小野　貴史	菊池　雅子	京松　啓子	桑田　明奈
来栖　智史	小林亜紀子	小松　大介	齋藤　環
菅原　透	鈴木　裕美	髙草木　博	橘　乃布衣
冨安智映子	中村　玲子	長瀬　敦	永盛　好貴
滑川　昭	鳩山　裕子	平野　志穂	広野　正樹
益子　由香	吉田　史恵	渡邉　崇	

※いずれも学習指導案作成時の所属：
　茨城大学教育学部附属特別支援学校

【イラスト】

五味　祥子　　山口　寧　　吉田　昌代
※いずれもイラスト作成時の所属：
　茨城大学特別支援教育特別専攻科専修免コース

特別支援教育サポートBOOKS

特別支援学校　新学習指導要領
「国語」「算数・数学」の学習指導案づくり・授業づくり

2020年6月初版第1刷刊　©編著者　新　井　英　靖
2024年7月初版第5刷刊　著　者　茨城大学教育学部附属特別支援学校
　　　　　　　　　　　　発行者　藤　原　光　政
　　　　　　　　　　　　発行所　明治図書出版株式会社
　　　　　　　　　　　　　　　　http://www.meijitosho.co.jp
　　　　　　　　　　　　　　　（企画）佐藤智恵（校正）nojico
　　　　　　　　　　〒114-0023　東京都北区滝野川7-46-1
　　　　　　　　　　振替00160-5-151318　電話03(5907)6703
　　　　　　　　　　　　　　　ご注文窓口　電話03(5907)6668
＊検印省略　　　　　　　組版所　広 研 印 刷 株 式 会 社

Printed in Japan　　　　　　ISBN978-4-18-374425-8
もれなくクーポンがもらえる！読者アンケートはこちらから　→